Workbook / Laboratory Manual / Video Manual

Mais oui!

Workbook / Laboratory Manual / Video Manual

Mais oui!

Third Edition

CHANTAL P. THOMPSON
Brigham Young University

ELAINE M. PHILLIPS
Southwest Educational Development Laboratory

BETTE G. HIRSCH
Cabrillo College

MARC OLIVIER
Contributing Writer
Brigham Young University

HOUGHTON MIFFLIN COMPANY
Boston • New York

Publisher: Rolando Hernández
Sponsoring Editor: Van Strength
Development Manager: Sharla Zwirek
Project Editor: Harriet C. Dishman
Manufacturing Manager: Florence Cadran
Senior Marketing Manager: Tina Crowley Desprez
Associate Marketing Manager: Claudia Martínez

Printed in the U.S.A.

ISBN: 0-618-37142-7

6 7 8 - B - 07 06

Table des matières

Workbook

Laboratory Manual

Video Manual

Preface

This volume combines the *Workbook, Laboratory Manual,* and *Video Manual* to accompany *Mais oui!* The *Workbook* provides written activities that apply what you have learned in each chapter. The *Laboratory Manual* gives you additional exposure to spoken French and provides extra practice in listening comprehension. The *Video Manual* offers activities to enhance your appreciation and understanding of the *Mais oui!* video.

The Workbook

The *Workbook* is designed to provide you with additional opportunities to use the vocabulary, structures, and communicative strategies introduced in the textbook. After you have completed each *étape* in the text chapter, do the corresponding *étape* in the *Workbook.* The first three *étapes* of each *Workbook* chapter offer mostly structured, easily corrected activities. To avoid compounding errors, we strongly recommend that you correct each activity immediately after doing it. In this way, you can catch mistakes early on and refer back to the textbook explanations if necessary. Completing the activities without verifying your answers serves no useful purpose.

The *Intégration* of each *Workbook* chapter introduces an additional reading that reinforces the chapter themes and gives you another opportunity to practice reading strategies introduced in the text. The last post-reading activity, *Et vous?,* invites you to respond to open-ended questions or to express yourself freely in writing on issues related to the reading.

The Laboratory Manual

The *Laboratory Manual* is used in conjunction with the *Mais oui!* audio CD. Each chapter of the *Laboratory Manual* begins with an *À l'écoute* section in which you hear the vocabulary and structures from the text chapter used in a new but related context. You will listen to a conversation on the audio CD and do a series of related tasks in the *Laboratory Manual.* In a section called *Prononciation,* segments of this same conversation are then used to help you review the pronunciation rules taught in the text chapter. In the final section, the *Activités de compréhension* focus on practicing new vocabulary, communicative strategies, and discrete grammatical structures.

You should plan on doing the *Laboratory Manual* activities after you have finished the third *étape* of the chapter in the text.

■ The Video Manual

The *Video Manual* is coordinated to the thirteen modules of the **Mais oui!** video and closely correlated to the twelve regular chapters of the **Mais oui!** text. Each module begins with an *Objectifs* section that describes briefly the objectives of the module. The next section, *Préparez-vous*, offers pre-viewing activities to be completed before you actually watch the video. These activities will ensure that you have the vocabulary and cultural background necessary to appreciate the video. The next section, *Regardez!*, leads you through viewing both the live action and the interview sections of the video. Finally, the *Récapitulez!* section expands on the themes of the video. Student responses are often personalized.

The activities in the *Video Manual* can be done in or out of class, either spread over several days or else done all together after the completion of the third *étape* in the text.

❋   ❋   ❋

In using the *Mais oui!* audio and video programs, remember that you are NOT expected to understand everything you hear at regular conversation speed! Just focus on the specific tasks you are asked to perform, and do not hesitate to listen or view as many times as necessary to complete an activity. Your ability to understand the spoken word will improve over time with patience and practice.

Chantal P. Thompson
Elaine M. Phillips
Bette G. Hirsch
Marc Olivier

Workbook

Chapitre préliminaire
Bonjour!

A. La politesse. Complete the following exchanges by writing an appropriate response in each blank.

1. —Bonjour, madame.

— _____

2. —Au revoir, Claire.

— _____

3. —Comment allez-vous?

— _____

4. —Merci, monsieur.

— _____

5. —Dominique, je te présente Clarice.

— _____

6. —Ça va?

— _____

7. —Pardon, ton nom?

— _____

8. —Comment vous appelez-vous?

— _____

B. Les accents. Add the accents or cedillas that are missing from the following words.

1. tres	**4.** sac a dos	**7.** bientot
2. ca	**5.** plait	**8.** prenom
3. fenetre	**6.** enchantee	**9.** francais

C. Dans la salle de classe. Look at the scene and identify each numbered item. The first item has been done as an example.

1. *C'est un professeur.* _____

2. _____

3. _____

4. _____

5. _____

6. _____

7. _____

8. _____

9. _____

10. _____

D. Expressions pour la classe. Look at pictures 1–5 and write a statement your teacher might have just made. For pictures 6–8, write a statement you might have just made.

➡ *Lisez le chapitre.*

1. _____

_____

2. _____

_____

3. _____

_____

4. _____

_____

5. _____

_____

6. _____

_____

7. _____

_____

8. _____

_____

1

Qui êtes-vous?

Première étape

A. Le Club International. Read the following sentences about the members of the International Club. Fill in the blanks with the correct form of the verb **être** or the appropriate subject pronoun.

1. Gina et moi, _____ sommes italiennes.

2. Thomas et Ernst? Ils _____ allemands.

3. Madame Martin? Elle _____ française.

4. Toi? _____ es africain? Oui, je _____ sénégalais.

5. Vous _____ belges? Non, mais Monsieur Wéry, _____ est

belge.

B. Nationalité, profession. Complete the following statements using the verb **être.** Be sure the nationality or profession agrees in number and gender with the person(s).

➡ Tchaïkovski et Mozart / profession
   Tchaïkovski et Mozart sont musiciens.

1. Peter Jennings / nationalité

_____

2. Monet et Degas / profession

_____

3. Catherine Deneuve / profession

_____

4. Tu (*your roommate*) / nationalité

_____

5. Je / profession

_____

6. Papa et moi / nationalité

_____

C. Qui est-ce? Can you think of a famous person or persons for each of the adjectives provided? Write sentences following the example, and be sure the nationalities and professions agree in number and gender with the noun(s).

➡ architecte / américain (*masculin, pluriel*)

Frank Lloyd Wright et I. M. Pei sont architectes. Ils sont américains.

1. acteur / français (*féminin, singulier*)

_____

2. musicien / américain (*masculin, pluriel*)

_____

3. écrivain / américain (*féminin, pluriel*)

_____

4. journaliste / canadien (*masculin, singulier*)

_____

5. politicien / américain (*féminin, singulier*)

_____

6. peintre / espagnol (*masculin, pluriel*)

_____

■ Deuxième étape

D. Jumeaux? Thierry and Béatrice are twins, but they don't seem to be very much alike. Each time you inquire about a particular trait of one sibling, you discover that the other has the opposite characteristic. Complete the following sentences with an appropriate adjective. Be sure the adjectives agree in gender with the person.

➡ Thierry est fatigué? Non, il est *énergique.*

Et Béatrice? Elle est *fatiguée.*

1. Thierry est grand? Non, il est _____ .

Et Béatrice? Elle est _____ .

2. Il est timide? Non, il est _____ .

Et Béatrice? Elle est _____ .

3. Il est avare? Non, il est _____ .

Et Béatrice? Elle est _____ .

4. Il est heureux? Non, il est _____ .

Et Béatrice? Elle est _____ .

5. Thierry est pessimiste? Non, il est _____ .

Et Béatrice? Elle est _____ .

6. Il est passif? Non, il est _____ .

Et Béatrice? Elle est _____ .

E. Traits de caractère. Everyone has some good *and* bad qualities. Mention a personal weakness and a positive character trait for the following people, using the cues and the example as a guide.

➡ Le monsieur là-bas / désagréable / intelligent
Le monsieur là-bas est un peu désagréable, mais il est très intelligent.

1. La copine de Nicolas / fou / énergique

_____

2. Alceste / paresseux / intéressant

_____

3. Monsieur et Madame Mystère / désagréable / intelligent

_____

4. La dame et la fille / ennuyeux / sympathique

_____

5. L'homme et le garçon / timide / heureux

_____

F. Qu'est-ce que c'est? The following objects were found in Nicolas's room. Can you identify them? Use an *indefinite* article to identify the objects, then use a *definite* article to say the objects belong to Nicolas.

➡ *Ce sont des livres.*
Ce sont les livres
de Nicolas.

1. _____ .
_____
de Nicolas.

3. _____ .
de Nicolas.

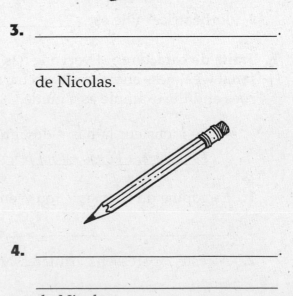

2. _____ .
_____
de Nicolas.

4. _____ .
_____
de Nicolas.

10 MAIS OUI!   Qui êtes-vous?

5. _____ .   7. _____ .

_____   _____

de Nicolas.   de Nicolas.

6. _____ .   8. _____ .

_____   _____

de Nicolas.   de Nicolas.

G. C'est qui? Complete the statements using **c'est, il est,** or **elle est.** Then match each statement with the name of the person to whom it applies.

➡ *Il est* écrivain. *C'est un* Anglais. *Il est* intéressant. C'est *Shakespeare.*

le petit Nicolas   Sandra Bullock   Miguel de Cervantes
Gérard Depardieu   Léopold Senghor   Sandra Day O'Connor
Céline Dion

1. _____ un Français. _____ élève.

_____ énergique. C'est _____ .

2. _____ blonde. _____ une

chanteuse. _____ une Canadienne. C'est

_____ .

3. _____ acteur. _____ un Français.

_____ grand et fort. C'est _____ .

4. _____ espagnol. _____ écrivain.

_____ intéressant. C'est _____ .

5. _____ une avocate. _____

américaine. _____ raisonnable. C'est

_____ .

6. _____ un Sénégalais. _____

un politicien. _____ écrivain. C'est

_____ .

■ Troisième étape

H. Questions. Your pen pal, Micheline, has told you some things about her friends and classmates in Belgium. Write three follow-up questions about each of her statements, using the suggestions provided. Use a different question format for each cue: a. **est-ce que,** b. inversion, and c. a tag question.

1. Le professeur de français est intéressant. (amusant? généreux? belge?)

a. _____

b. _____

c. _____

2. Patrick et Pierre-Maurice sont sportifs. (musicien? sympathique? actif?)

a. _____

b. _____

c. _____

3. Monique est peintre. (intelligent? modeste? artiste?)

a. _____

b. _____

c. _____

4. Danielle et moi, nous sommes actives. (sportif? heureux? fatigué?)

    a. _____

    b. _____

    c. _____

5. Je suis petite et brune. (sérieux? raisonnable? énergique?)

    a. _____

    b. _____

    c. _____

I. Interview. If you were looking for a new roommate, what character/personality traits would you consider important? Write down five questions that you'd like to ask a prospective roommate.

    1. _____

    2. _____

    3. _____

    4. _____

    5. _____

J. Non! Claude can't seem to remember anything. Answer his questions negatively, then give him the correct answer.

    ➡ Victor Hugo est peintre, n'est-ce pas?

    Non, il n'est pas peintre. Il est écrivain!

1. Le petit Nicolas est italien, n'est-ce pas?

Non, _____

2. Tiger Woods est français, n'est-ce pas?

Non, _____

3. Tu es allemand(e), n'est-ce pas?

Non, _____

4. Monet est musicien, n'est-ce pas?

Non, _____

5. Meg Ryan est ingénieur, n'est-ce pas?

Non, _____

6. Tu es professeur, n'est-ce pas?

Non, _____

K. Comment êtes-vous?   Look at the picture and write five sentences, choosing from the following adjectives and saying what the girl is *not*.

➡ *Elle n'est pas brune.*

énergique   grand   paresseux   désagréable
fatigué   brun   triste

_____

_____

_____

_____

_____

_____

■ Intégration

Lecture: Trois grandes stars françaises

Avant de lire

1 Consider the title of the reading and check the subject that the reading most likely treats.

    a. _____ a new constellation

    b. _____ three French actresses

    c. _____ women astronomers

    d. _____ paparazzi in Hollywood

2 If the subtitle of the reading were «**Elles sont belles, brunes et célèbres**», which answer in the preceding list would you choose? _____

En général

3 Skim the article and choose the best ending for the following sentence.

L'article présente trois actrices...

    a. _____ de trois générations différentes.

    b. _____ suisses.

    c. _____ qui sont très vieilles.

    d. _____ qui sont aussi mères (*mothers*).

Trois grandes stars françaises

Isabelle ADJANI

BIOGRAPHIE

Née Isabelle Yasmine Adjani, le 27 juin 1955, Gennevilliers, France
Père algérien d'origine turque, mère allemande
2 enfants: Barnabé (de Bruno Nuytten) et Gabriel-Kane (de Daniel Day-Lewis)
Théâtre (Comédie-Française)
César de la décennie 90
2 albums comme chanteuse (dont un Gainsbourg)
Modèle pour Dior
Présidente du 50ème Festival de Cannes
Agents: F.M.S.—Intertalents, Paris; ICM Los Angeles

Films: *Bon Voyage* ('03, avec Gérard Depardieu), *La Repentie* ('02), *Passionnément* ('99, avec Depardieu), *Diabolique* ('96, avec Sharon Stone), *The Double* ('96, avec John Travolta, puis Steve Martin), *La Reine Margot* ('95), *Camille Claudel* ('88, avec Depardieu)—César Meilleur Film, Nomination Oscar meilleur film étranger

Juliette BINOCHE

BIOGRAPHIE

Née le 9 mars 1964, Paris

Fille d'un metteur en scène de théâtre (occasionnellement sculpteur) et d'une comédienne

1 enfant, Raphaël

Peintre, dessinatrice

Contrat Lancôme Parfums et Cosmétiques

Utilise des doublures pour les scènes de nus

Pub pour Lancôme

Dons versés à l'Association humanitaire Aspeca (Cambodge)

Salaire: 8 000 000 francs (*Les enfants du siècle*, '98)

Projets: Prochains films de Kusturica, Haeneke, Kiarostami

Agent: F.M.S.—Intertalents, Paris

Films: *Chocolat* ('00), *Les enfants du siècle* ('99), *The English Patient* ('96)—Oscar Second-rôle féminin, *Le Hussard sur le toit* ('95), *Trilogie: Bleu* ('95)—César meilleur actrice, Golden Globe (nomination)

Sophie MARCEAU

BIOGRAPHIE

Née Sophie Maupu, le 17 novembre 1966, Paris

Conjointe de Andrzej Zulawski

1 enfant, Vincent

Auteur (*Menteuse*, '96), chanteuse (*Berezina*)

Théâtre (*Eurydice et Pygmalion*, '94, Molière du Meilleur Espoir)

Pub: Guerlain Champs Elysées

Agent: Artemedia, Paris

Films: *Belphégor—Le fantôme du Louvre* ('01, avec Michel Serrault), *The World Is Not Enough* ('99, avec Pierce Brosnan), *A Midsummer Night's Dream* ('98, avec Kevin Kline, Michelle Pfeiffer), *Marquise* ('97), *Anna Karenina* ('97), *Braveheart* ('95, avec Mel Gibson)—Oscar du meilleur film, *Chouans!* ('87), *La Boum* ('80)

Source: www.ecrannoir.com/stars. © Volute productions.

En détail

4 **Les mots.** You may know by now that many words are almost identical in French and English. To read more easily, be prepared to guess the meaning of new words in reading passages in the workbook as you do in the text. Although you may never have seen the following words in French, you should be able to write their English equivalents fairly easily.

1. novembre _____

2. théâtre _____

3. auteur _____

4. films _____

5. projets _____

6. agent _____

7. scènes _____

8. mars _____

9. cosmétiques _____

10. sculpteur _____

11. albums _____

12. présidente _____

13. modèle _____

14. contrat _____

15. parfums _____

5 **Le texte**

A. Complétez. Complete the following chart by checking whether each item applies to Isabelle Adjani, Juliette Binoche, or Sophie Marceau. Items may apply to one, two, or all three of the actresses.

	Adjani	Binoche	Marceau
1. Born in the sixties			
2. Is also a singer			
3. Has modeled for a famous designer			
4. Her father sculpted			
5. Has acted in English language films			
6. Her father is Algerian			
7. Won an Oscar for best supporting actress			
8. Has a son			
9. Is also an author			
10. Does ads for cosmetics			

B. Oui ou non? Agree (**Oui**) or disagree (**Non**) with the following statements based on the article. Correct any false statements.

1. _____ Binoche a deux enfants.

   _____

2. _____ La mère (*mother*) d'Adjani est allemande.

   _____

3. _____ Daniel Day-Lewis est le père (*father*) de Vincent.

   _____

4. _____ Les trois stars sont nées à Paris.

   _____

5. _____ Marceau a joué (*acted*) dans un film avec Mel Gibson.

   _____

6. _____ Adjani a été (*was*) la présidente du Festival de Cannes.

   _____

7. _____ Marceau est aussi peintre.

   _____

8. _____ Un César est l'équivalent d'un Oscar.

   _____

Et vous?

Look again at the reading and the pictures of the three actresses. Using the adjectives to describe people and the professions that you learned in Chapter 1, write three sentences about each actress that summarize what you have learned about them.

Adjani

1. Elle est _____

2. Elle est _____

3. _____

Binoche

1. Elle est _____

2. Elle est _____

3. _____

Marceau

1. Elle est _____

2. Elle est _____

3. _____

La famille

Première étape

A. Paires. Complete the following pairs as shown in the example.

➡ un grand-père / *une grand-mère*

1. un cousin / _____

2. une mère / _____

3. un oncle / _____

4. une sœur / _____

5. une nièce / _____

6. un fils / _____

7. une femme / _____

8. un beau-frère / _____

9. un petit-fils / _____

B. Qui est-ce? Look at Pascal's family tree, and state the relationships of the people indicated. Use a possessive adjective in your answer.

➡ Françoise? (Pascal et Paul) *Françoise? C'est leur mère.*

1. Élisabeth? (Suzanne) _____

2. Bernard et Maurice? (Françoise et Gilles) _____

3. Alain? (Sandrine) _____

4. Isabelle et Alain? (Suzanne) _____

5. Élisabeth? (Isabelle et Alain) _____

6. Paul? (Élisabeth) _____

7. Olivier? (Françoise et Élisabeth) _____

8. Pascal et Suzanne? (Maurice) _____

C. La famille. Bernard and Christine have to interview each other for French class. Read their conversation and fill in the missing possessive adjectives.

—Et toi, Christine, combien de personnes est-ce qu'il y a dans (1) _____

famille?

—Dans (2) _____ famille, il y a quatre personnes—(3) _____

père et les trois enfants: (4) _____ sœur Céleste, (5) _____

sœur Micheline, et moi.

—Et comment sont-elles, (6) _____ sœurs?

—Bon, Céleste ressemble à (7) _____ père. Elle est sérieuse et intelligente.

Micheline ressemble plutôt à (8) _____ grands-parents. Elle est

énergique et amusante.

—Et (9) _____ père?

—Sympa!

Now fill in the missing possessive adjectives as they relate to *you*.

Et vous, les étudiants? Combien de personnes est-ce qu'il y a dans

(10) _____ famille? Comment est (11) _____ père?

(12) _____ mère? Comment sont (13) _____ sœurs et

(14) _____ frères?

D. Comment sont-ils? Using **ce, ces, cet,** or **cette,** say what the following people are like by agreeing or disagreeing with the description indicated.

1. femme / malade? *Cette femme n'est pas malade.* _____

2. garçon / paresseux? _____

3. homme / heureux? _____

4. enfant / triste? _____

5. amis / sociables? _____

6. filles / typiques? _____

7. homme / actif? _____

Deuxième étape

E. Préférences. Read the following paragraph about leisure activities, filling in the blanks with the correct form of a verb from the list provided. You may use some verbs more than once, but be sure to use each verb at least once.

aimer   adorer   détester   admirer   manger   travailler
être   étudier   écouter   jouer   voyager   parler
préférer

J(e) (1) _____ la musique, mais j(e) (2) _____ danser et je n(e)

(3) _____ pas le rock. Pourtant j(e) (4) _____ souvent la radio

—le jazz et la musique classique. Le week-end, mes amies Naïma et Isabelle et

moi, nous n(e) (5) _____ pas. Nous (6) _____ regarder un

film, et nous (7) _____ souvent au restaurant. Isabelle et Naïma n(e)

(8) _____ pas très sportives. Quelquefois elles (9) _____ au

tennis, mais en général elles (10) _____ jouer aux cartes! J(e)

(11) _____ beaucoup Naïma. Elle (12) _____ souvent en

Europe et elle (13) _____ quatre langues. Moi, j(e) (14) _____

beaucoup pour apprendre (*learn*) l'anglais! Et vous? (15) _____-vous

beaucoup pour apprendre le français?

F. Les passe-temps. Indicate how the following people spend their time. Write a complete sentence using the words given.

1. Les étudiants / travailler / beaucoup

_____

2. Mais ils / préférer / regarder des films

_____

3. Mes copains et moi, nous / manger souvent au restaurant chinois

_____

4. Le professeur / retrouver quelquefois ses amis au café

_____

5. Tu / dîner au restaurant

_____

6. Tes copines et toi, vous / aimer lire des romans

_____

7. Moi, j(e) / préférer / ? / tous les jours

_____

G. Opinions. Christine interviewed Bernard about his likes and dislikes. Read Bernard's answers and then write the questions Christine must have asked. Use the interrogative expressions **qu'est-ce que** and **qui est-ce que.**

1. —_____?

—J'étudie les langues, le français et l'allemand.

2. —_____?

—J'aime beaucoup mes camarades de classe.

3. —_____?

—Je n'aime pas beaucoup les professeurs qui sont ennuyeux.

4. —_____?

—J'admire beaucoup les écrivains français.

5. —_____?

—Je préfère les romans historiques.

6. —_____?

—Je déteste les films policiers.

Troisième étape

H. Avoir. Write complete sentences to indicate what the following people have or do *not* have.

➡ Izà (stylos + / crayons –)
Elle a des stylos, mais elle n'a pas de crayons.

1. Larmé (sac à dos + / cahier + / serviette –)

_____

2. Tu (romans + / magazines –)

_____

3. Mes copains (feuilles de papier + / stylos –)

_____

4. Vous (amie sympathique + / professeur intéressant +)

_____

5. Ma famille et moi, nous (radio + / télévision –)

_____

6. Moi (? + / ? –)

_____

I. Descriptions. Josée describes her family and friends. Write her descriptions using the cues provided.

➡ Mon père / 42 / vert / —
Mon père a 42 ans. Il a les yeux verts, et il n'a pas de cheveux!

1. Mes sœurs / 16 et 17 / brun / blond

_____

2. Paul et moi, nous / 18 / vert / roux

_____

3. Mes grands-parents / peut-être 80 / bleu / gris

_____

4. Mon amie Djamila / 20 / brun / noir

_____

5. Mon professeur / peut-être... / ? / ?

_____

J. Clarifications. Every time Olivier makes a statement, his roommate Georges asks for a clarification. Complete Olivier's statements with a demonstrative adjective, then write Georges's questions using a form of **quel.**

➡ —_Ce_ garçon est typique.   —_Quel garçon?_

1. —_____ romans sont ennuyeux.   —_____

2. —_____ photo est intéressante.   —_____

3. —_____ étudiantes sont paresseuses.   —_____

4. —_____ homme est désagréable.   —_____

5. —_____ professeur est actif.   —_____

K. Choix. Write five survey questions you could use to interview your classmates.

➡ magazines

   Quels magazines est-ce que tu préfères, Time, Sports Illustrated _ou_ People?

1. sport _____

2. politiciens _____

3. musique _____

4. romans _____

5. actrices _____

■ Intégration

Lecture: Est-ce que Papa est intelligent?

Avant de lire

1 Children's attitudes toward their parents often change with age. Think of four different ages for the younger generation, from very young to fairly old, and assign to the parents, as perceived by their children, a rating of knowledge from 0 (**ignorants**) to 5 (**omniscients**).

| 0 | 1 | 2 | 3 | 4 | 5 |
| ignorants | | | | | omniscients |

Âge des enfants	Connaissance des parents
3 ans	5

En général

2 Scan the text to see how many parts there are to the reading. _____

3 Skim through the text and decide what it is about.

a. _____ what children think of their parents

b. _____ what children think of one parent in particular

c. _____ what parents think of their children

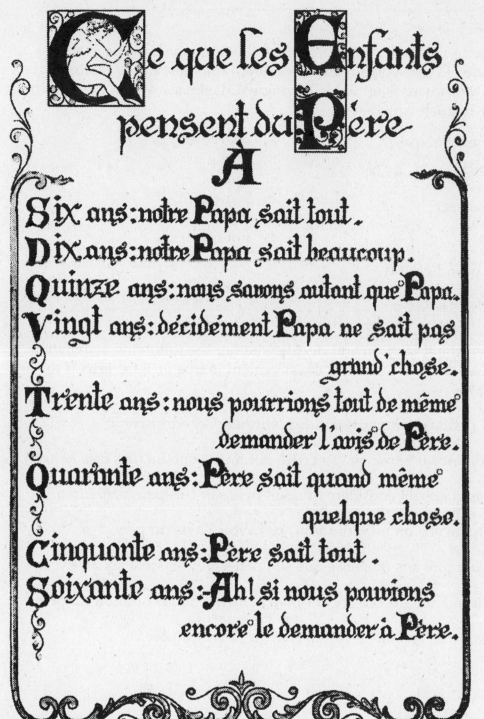

Ce que les Enfants pensent du Père

À

Six ans: notre Papa sait tout.

Dix ans: notre Papa sait beaucoup.

Quinze ans: nous savons autant que Papa.

autant... as much as

Vingt ans: décidément Papa ne sait pas grand'chose.

Trente ans: nous pourrions tout de même demander l'avis de Père.

pourrions... could after all

l'opinion

Quarante ans: Père sait quand même quelque chose.

quand même = tout de même

Cinquante ans: Père sait tout.

Soixante ans: Ah! si nous pouvions encore le demander à Père.

si... if only we still could

En détail

4 **Les mots.** Using the context in which the following words occur in the reading, knowledge that you already have about the topic of the reading, and logic, can you guess what the following words mean? Match the French words to their English equivalents.

1. _____ pensent (penser)
2. _____ sait/savons (savoir)
3. _____ demander
4. _____ tout
5. _____ pas grand-chose
6. _____ quelque chose

a. everything
b. to ask
c. think
d. something
e. know
f. not much

5 **Le texte.** Read the text again and decide whether the following statements are true or false. Write **V** for **vrai** if the statement is true or **F** for **faux** if the statement is false.

1. _____ Les petits enfants pensent que leur père est omniscient.
2. _____ L'adolescent pense que son père sait moins que lui (*less than he does*).
3. _____ À vingt ans on considère que son père sait très peu (*very little*).
4. _____ À trente ans on ne veut (*want*) pas avoir l'avis du père.
5. _____ À quarante ans on pense que son père sait plus qu'à six ans.
6. _____ À cinquante ans et à six ans on a la même (*same*) opinion du père.
7. _____ À soixante ans on ne veut pas avoir l'avis du père.

Et vous?

1. Compare your answers to activity 1 of **Avant de lire** with the statements in the reading, noting which are similar and which are different.

Âge des enfants	Connaissance des parents (selon* vous)	Connaissance des parents (selon la lecture)
3 ans	5	
6 ans		5

2. Using the reading and your own experiences and ideas as guides, write a new text, changing **père** to **mère**. Are there any major differences between your observations and those of the original reading?

Ce que les enfants pensent de la mère

À six ans: notre maman _____

À dix ans: _____

À quinze ans: nous savons _____

À vingt ans: _____

À trente ans: _____

À quarante ans: _____

À cinquante ans: _____

À soixante ans: _____

*according to

La maison et la ville ³

Première étape

A. Où? Quoi?   In which room(s) of a house or apartment would you be likely to find the following things?

1. un lecteur de CD: _____

2. un placard: _____

3. des étagères: _____

4. un ordinateur: _____

Now, list the furniture and personal items *you* have in the following rooms.

5. la cuisine: _____

6. le séjour: _____

7. la chambre: _____

8. la salle à manger: _____

B. Des questions.   Compose questions using the cues that follow, then re-create the conversation between Philippe and his nosy pal Joseph by placing each question where it belongs in the dialogue.

Combien de pièces / il y a / dans l'appartement?

Comment / être / appartement?

Qu'est-ce que / préférer / les studios ou les appartements?

Pourquoi / préférer / les appartements?

Quand / je pourrais voir / appartement?

Où / être / ton appartement?

1. —_____

—Moi, je préfère les appartements.

2. —_____

—Parce qu'ils sont plus grands, plus spacieux.

3. —_____

—Il est au centre-ville.

4. —_____

—Eh bien, c'est un appartement meublé, calme, agréable...

5. —_____

—Il y a deux pièces avec une cuisine et une salle de bains.

6. —_____

—Demain, si tu veux.

C. Imaginez les questions. Madeleine had a phone conversation with her cousin about her French class. Based on Madeleine's answers, what questions do you think her cousin asked?

1. _____

Parce que j'adore le français.

2. _____

Lé prof? Oh, il est sympathique.

3. _____

Il y a dix-sept étudiants.

4. _____

L'université? Dans la rue Victor Hugo.

5. _____

J'ai mon cours de français maintenant. Je pourrais te téléphoner plus tard?

■ Deuxième étape

D. Chèques. Madame Luberry pays her monthly bills by check. Complete the checks by writing *in words* the amount shown in numbers. Then indicate in the blank provided the purpose of each check: to pay her rent (**le loyer**), her phone bill (**le téléphone**), or her electric bill (**l'électricité**).

CRÉDIT SAINT-PIERRAIS   B.P.F. € 34

PAYEZ CONTRE CE CHÈQUE NON ENDOSSABLE SAUF au profit d'une banque, d'une caisse d'épargne ou d'un établissement assimilé _____

À *France Télécom*

— PAYABLE —

LUBERRY
16 RUE MARCEL BONIN
97500 ST-PIERRE-ET-MIQUELON
compensable à   45 26 65 53
     ST-PIERRE

À ___ *St-Pierre* ___ , le *28 novembre 2003*

siège n° ___ compte n° ___ clé R.I.B.

P. Luberry

S• Z 6 KSG CHÈQUE N°   1 602 132

⑈1602132⑈077703604063⑆807770019361L◗

1. _____

CRÉDIT SAINT-PIERRAIS   B.P.F. € 594

PAYEZ CONTRE CE CHÈQUE NON ENDOSSABLE SAUF au profit d'une banque, d'une caisse d'épargne ou d'un établissement assimilé _____

À *M. Gilles Tournier*

— PAYABLE —

LUBERRY
16 RUE MARCEL BONIN
97500 ST-PIERRE-ET-MIQUELON
compensable à   45 26 65 53
     ST-PIERRE

À ___ *St-Pierre* ___ , le *28 novembre 2003*

siège n° ___ compte n° ___ clé R.I.B.

P. Luberry

S• Z 6 KSG CHÈQUE N°   1 602 133

⑈1602132⑈077703604063⑆807770019361L◗

2. _____

CRÉDIT SAINT-PIERRAIS

B.P.F. €89

PAYEZ CONTRE CE CHÈQUE NON ENDOSSABLE SAUF au profit d'une banque, d'une caisse d'épargne ou d'un établissement assimilé

À *Gaz et Electricité de France*
À *St-Pierre* , le *28 novembre 2003*

siège n° ____ compte n° ____ clé R.I.B.

P. Luberry

PAYABLE

LUBERRY
16 RUE MARCEL BONIN
97500 ST-PIERRE-ET-MIQUELON

compensable à   45 26 65 53
                ST-PIERRE

S• Z 6 KSG CHÈQUE N°   1 602 134

⑈1602132⑈077703604063⑉807770019361L⏹

3. _____

E. Décrivez. Describe the following people and objects using the adjectives indicated.

➡ joli: maison, canapé, rideaux
   une jolie maison, un joli canapé, de jolis rideaux

1. bon: musicienne, actrices, avocat

   _____

2. vieux: livres, homme, étagères

   _____

3. meublé: appartement, studios, maison

   _____

4. beau: acteur, étudiantes, professeurs

   _____

5. nouveau: rideaux, ordinateur, radios

   _____

6. confortable: chambres, maison, fauteuil

   _____

F. Un studio. Alexandre describes his studio in Brussels. Complete the paragraph with an appropriate adjective from the list provided. You may use the adjectives more than once, but you must use each adjective at least once. Note that there is a blank before *and* after each boldfaced noun. Write an adjective in only one of the blanks, and put an *X* in the other blank.

vieux	joli	blanc	grand	nouveau	typique
agréable	petit	bleu	bon	américain	calme

J'ai un (1) __nouvel__ **appartement** (2) ___X___ à Bruxelles, près

de l'université. Il y a une (3) __petit__ **chambre** (4) ___X___,

un (5) __grande__ **salon** (6) _____, une (7) _____ **cuisine**

(8) __bleue__ et une (9) _____ **salle de bains** (10) __blanche__.

C'est un (11) _____ **appartement** (12) _____. Dans le salon, j'ai

mon (13) _____ **ordinateur** (14) _____, un (15) _____

canapé (16) _____, une (17) _____ **table** (18) _____

et deux (19) _____ **chaises** (20) _____. J'ai une

(21) _____ **chambre** (22) _____ où il y a des (23) _____

rideaux (24) _____, un (25) _____ **lit** (26) _____, une

(27) _____ **commode** (28) _____ et des (29) _____

posters (30) _____ sur le mur.

G. Goûts différents. Larissa and Fabienne are good friends with different tastes. Using the following cues as a guide, write sentences describing their lodging and possessions.

➡ Fabienne / salle à manger / agréable, petit
Fabienne a une petite salle à manger agréable.

1. Fabienne / maison / beau, meublé
Fabienne a une belle maison meublée.

2. Larissa / appartement / idéal, nouveau
Larissa a un nouvel appartement idéal.

3. Fabienne / cuisine / jaune, vieux
F. a une vieille cuisine jaune.

4. Larissa / cuisine / beau, spacieux

_____

5. Fabienne / ordinateur / américain, nouveau

_____

6. Larissa / ordinateur / gris, vieux

_____

H. Où habiter? Match the accommodations described in the classified ads with the persons you think they would best suit. Be careful, because one of the accommodations is not appropriate for any of the prospective tenants. Then decide which of the four lodgings _you'd_ rather rent and explain why.

Samuel Montaigne: Étudiant; n'aime pas les résidences universitaires; préfère habiter chez un particulier.
La famille Jourdan (Monsieur, Madame, fille Joëlle): Monsieur travaille au centre-ville.
Jeanne Bouchard: Avocate; voyage beaucoup; n'aime pas cuisiner.

12, rue Mozart. Nouveau studio dans nouvelle villa, 1 chambre, 2 lits 1 personne, coin cuisine, douche avec WC, garage, calme, clair, 290€/mois. Tél. 42.04.21.51.	Rue Célony. Loue une chambre meublée pour 1 personne, entrée indépendante, 1 lit 1 pers., 175€ tout compris. Garçons préférés. Tél. 49.04.92.20.

1. _____   **3.** _____

13, rue du Bon Pasteur. Appartement dans bel immeuble, centre-ville, 2 chambres, 1 lit 1 pers., 1 lit 2 pers., salle à manger, cuisine, sdb, WC, jardin et terrasse, 620€ + charges/mois. Tél. 63.28.58.01.	Centre. Studio meublé, salle à manger avec chambre, 1 lit 2 pers., cuisine équipée, TV possible, WC, sdb, 450€/mois. Tél. 42.03.11.48.

2. _____   **4.** _____

5. Moi, je _____

_____

_____

Troisième étape

I. Quel anniversaire? The following people were all born on the same day but in different years. Say what birthday each person is celebrating.

➡ Monsieur Martin, 30

C'est son trentième anniversaire!

1. Karine Rosier, 16 _____

2. Louisette Rigolo, 5 _____

3. Jean Girard, 28 _____

4. Nathalie Laval, 79 _____

5. Christophe Genêt, 63 _____

6. Céleste Lamour, 47 _____

J. Ce week-end. Say what each person is going to do this weekend, using the **futur proche.**

➡ Vous / parler à vos copines

Vous allez parler à vos copines.

1. Patrick et Hélène / chercher un appartement

_____

2. Gisèle / voyager à Lyon

_____

3. Robert et moi, nous / jouer au foot

_____

4. Tes amies et toi, vous / étudier le français

_____

5. Tu / regarder un film

_____

6. Le professeur / danser à la discothèque

_____

7. Mes parents / arriver de Nice

_____

8. Je / ?

_____

K. On cherche un studio.   Your friend Alain wants to rent a studio, but he doesn't know where to begin. Since you have just moved into a new apartment, you can tell him exactly what to do. Outline in a logical order the steps he must take, using the imperative mood. The first one is done for you.

louer le studio	parler au propriétaire	regarder les annonces
demander le prix	aller voir le studio	téléphoner au propriétaire

1. _Regarde les annonces._ _____

2. _____

3. _____

4. _____

5. _____

6. _____

L. Où se trouve... ?   The islands of Saint-Pierre-et-Miquelon are part of France, even though they are just a few miles off the coast of Newfoundland in North America. Look at the map of the city of Saint-Pierre and describe the location of the buildings, using the following prepositions: **derrière, à droite, à côté, en face, sur, devant, loin, au coin, près.** Use each preposition only once.

➡ Le Francoforum / la Chambre de Commerce

Le Francoforum est loin de la Chambre de Commerce.

1. L'église / le magasin Galerie Ravenel

_____

2. La mairie / l'hôpital   across from   en face

_____

3. Le restaurant La Ciboulette / l'hôtel Beauséjour   next to   à côté

_____

4. Le musée / l'hôpital   behind   derrière

_____

5. Le magasin Galerie Ravenel / la rue Général Leclerc   sur

_____

6. L'hôtel Robert / l'hôtel Paris-Madrid   *à droite*

_____

7. Le Francoforum / le musée   *loin de*

_____

8. Alexis/ le musée   *devant*

_____

9. Marie-Pierre / la place du Général de Gaulle   *au coin*

_____

Intégration

Lecture: Guide pratique du téléphone

Avant de lire

1 Each year the French telephone company, France Télécom, publishes guides to telephone usage for people visiting various regions of France. In English, list five questions you would like answered about how to use the French telephone system.

1. _____

2. _____

3. _____

4. _____

5. _____

En général

2 Skim the reading and identify the kind of information that is contained in each part. Match each section in the left-hand column to its content.

1. _____ «Un guide pratique à votre service»

2. _____ «Vous souhaitez»

3. _____ «Prix d'une communication»

4. _____ «Pour téléphoner à l'étranger»

5. _____ «La télécarte»

a. renseignements généraux
b. renseignements sur une carte
c. introduction
d. exemples de prix
e. comment téléphoner à un autre pays

3 Now scan the reading and note how many of the questions you formulated in activity 1 of **Avant de lire** are answered in the text. _____

Un Guide pratique à votre service

*C*haque° année, France Télécom *vous propose un petit guide pratique du téléphone.*   *Each*

Ce guide simplifié, destiné en priorité aux touristes de notre région, explique la tarification applicable aux communications téléphoniques et vous permet de mieux utiliser votre téléphone, ainsi que° le réseau° de cabines publiques mis à votre disposition.   *ainsi... as well as / network*

Chaque cabine peut° être appelée au numéro à 10 chiffres figurant près du publiphone.   *can*

Vous souhaitez

- **Demander un renseignement°:**   *information*
- — **Par Minitel° (3 premières minutes gratuites)** .... composez le 11   *computerized service*
- — **Par l'intermédiaire d'une opératrice** .... appelez le 12
  (mais pensez d'abord à l'annuaire°)   *phone book*
- **Signaler un dérangement°** .... appelez le 13   *out-of-order phone*
- **Envoyer un télégramme** .... appelez le 36 35
- **Demander une communication**
  avec la carte «France Télécom°»   *la... a telephone credit card*
- — Automatiquement des publiphones à pièces°, à touches
  musicales en composant le .... 36 10   *coins*
- — Directement, à partir des cabines à cartes.
- — Par opérateur pour les communications nationales en
  composant le 36 50
- **Obtenir l'Agence France Télécom** .... appelez le 14
- **Téléphoner vers les Départements et Territoires d'Outre-mer°:**   *les... French overseas areas*
  Composez le 19, suivi de l'indicatif,

GUADELOUPE 590		POLYNÉSIE FRANÇAISE 689
GUYANE FRANÇAISE 594		RÉUNION (LA) 262
MARTINIQUE 596		SAINT-PIERRE-ET-
MAYOTTE 269		MIQUELON 508
NOUVELLE-CALÉDONIE 687		WALLIS-ET-FUTUNA 681

> Prix d'une communication, tarif normal,
> des Alpes-Maritimes° vers   *department in southeastern France*
> PARIS / LYON / STRASBOURG / LILLE:
> 0€39 la minute
>
> GENÈVE .... 0€65 la minute
> MONTRÉAL .... 1€05 la minute
> ABIDJAN .... 2€22 la minute
>
> Tarifs TTC°   *tax included*

Pour téléphoner à l'étranger°,

• **EN AUTOMATIQUE:**

— Composez le 19, attendez° la tonalité.

— Composez l'indicatif° du pays demandé et le numéro national de votre correspondant° (Ex. Rome: 19 .... 39 6 565 541).

→ Si le numéro de votre correspondant est précédé d'un 0 ne composez pas ce dernier.

• **PAR OPÉRATEUR:** (Autres pays et communications spéciales)

— Composez le 19, attendez la tonalité.

— Composez le 33 et l'indicatif du pays.

• **PAYS DIRECTS°:**

Pour vos communications payables à l'étranger (PCV°–carte crédit)

— Composez le 19 .. 00 et l'indicatif du pays.

à... *to foreign countries* (appels internationaux)

wait for

(country) code
person called

pays... *direct-dial countries*
collect

EUROPE

ALBANIE	355	LITUANIE	370
ALLEMAGNE	49	LUXEMBOURG	350
AUTRICHE	43	MACÉDOINE	389
BELGIQUE	32	MALTE	356
BIÉLORUSSIE	375	NORVÈGE	47
BOSNIE-HERZÉGOVINE	387	PAYS-BAS	31
BULGARIE	359	POLOGNE	48
CHYPRE	357	PORTUGAL	351
CROATIE	385	LA RÉPUBLIQUE TCHÈQUE	420
DANEMARK	45	ROUMANIE	40
ESPAGNE & CANARIES	34	ROYAUME UNI	44
ESTONIE	372	RUSSIE	7
FINLANDE	358	SLOVAQUIE	421
GRÈCE	30	SLOVÉNIE	386
HONGRIE	36	SUÈDE	46
IRLANDE	356	SUISSE	41
ISLANDE	354	TURQUIE	90
ITALIE	39	UKRAINE	380
LETTONIE	371		

AFRIQUE

ALGÉRIE	213	GABON	241
BÉNIN	229	MAROC	212
BURKINA FASO	226	NIGER	227
CAMEROUN	237	SÉNÉGAL	221
CENTRAFRICAINE (République)	236	SOMALIE	252
CÔTE D'IVOIRE	225	SUD-AFRICAINE (République)	27
ÉGYPTE	20	TUNISIE	216

PROCHE & MOYEN-ORIENT

ARABIE SAOUDITE	966	JORDANIE	962
ÉMIRATS ARABES UNIS	971	KOWEÏT	965
IRAK	964	LIBAN	961
IRAN	98	SYRIE	963
ISRAËL	972	YEMEN	967

AMÉRIQUES DU NORD & DU SUD

ARGENTINE	54	HAWAII	18 08
BRÉSIL	55	JAMAÏQUE	18 09
CANADA	1	MEXIQUE	52
CHILI	56	PANAMA	507
COLOMBIE	57	PARAGUAY	595
COSTA RICA	506	PÉROU	51
EL SALVADOR	503	PORTO-RICO	18 09
ÉTATS-UNIS	1	URUGUAY	598
HAÏTI	509	VENEZUELA	58

PACIFIQUE-SUD

AUSTRALIE	61	NOUVELLE-ZÉLANDE	64

EXTRÊME ORIENT

CHINE	86	MALAISIE	60
CORÉE (Rép. de)	82	PHILIPPINES	63
HONG-KONG	852	SINGAPOUR	65
INDE	91	SRI-LANKA	94
INDONÉSIE	62	TAIWAN	886
JAPON	81	THAÏLANDE	66

Pour téléphoner sans monnaie, LA TÉLÉCARTE°

La télécarte vous permet de téléphoner partout°, sans monnaie, à partir d'un publiphone à cartes. Vous pouvez l'acheter dans les bureaux de poste, les agences France Télécom, ou auprès des «revendeurs agréés°» facilement reconnaissables° par la signalisation télécarte.

la... *telephone debit card*

all over

revendeurs... *registered retailers / recognizable*

4 **Les mots.** Using logic and the context in which the following words occur in the reading, infer the meaning of these words. Match the words on the left with their synonyms or definitions in the order in which they appear in the reading.

Un guide pratique...

1. _____ destiné en priorité à

2. _____ la tarification

3. _____ communications téléphoniques

4. _____ permet

5. _____ mieux

6. _____ cabines publiques

7. _____ chiffres

8. _____ figurant

Vous souhaitez...

9. _____ par l'intermédiaire de

10. _____ envoyer

11. _____ à touches musicales

Pour téléphoner à...

12. _____ la tonalité

La télécarte

13. _____ monnaie

14. _____ signalisation

a. touch-tone
b. appearing
c. to send
d. dial tone
e. numbers
f. sign
g. meant especially for
h. allows
i. rates (prices)
j. through
k. telephone calls, etc.
l. telephone booths
m. better
n. change

5 **Le texte**

A. Vrai ou faux? Read the text again and decide whether the following statements are true or false. Write **V** for **Vrai** if the statement is true and **F** for **Faux** if the statement is false. Correct the false statements.

1. _____ On peut appeler chaque cabine téléphonique.

_____

2. _____ On compose le 10 pour demander un renseignement à une opératrice.

_____

3. _____ On compose le 14 pour parler avec la compagnie Agence France Télécom.

_____

4. _____ Pour téléphoner à la Polynésie française on compose le 19 689 et le numéro de son correspondant.

_____

5. _____ Quand vous téléphonez en PCV, c'est vous qui payez.

_____

6. _____ La télécarte vous permet de téléphoner sans monnaie.

_____

7. _____ Le prix d'une communication de Nice (région Alpes-Maritimes) à Montréal, tarif normal, est de 0€39 la minute.

_____

B. Quel numéro? Indicate the number you would dial in France in each given situation.

1. You need to send a telegram. _____

2. Your phone is not working.

_____

3. You want to use your credit card with France Télécom

   a. on a touch-tone coin phone. _____

   b. on a phone that accepts cards. _____

4. You want to call a friend in the United States with the assistance of the operator.

_____

5. You want to dial direct to a friend in Rome, whose number is 6 572 572.

_____

C. Où?   Indicate three places where one can buy a **télécarte.**

1. _____

2. _____

3. _____

Et vous?

Feeling comfortable with telephone calls in another country takes some practice. You do not have the visual cues of facial expression and body gestures to help with meaning. Practice with the basic expressions of telephone usage can be a good beginning. Remember that messages on the telephone must be kept short and to the point.

In French, write out a message that you want to leave on the answering machine (**un répondeur automatique**) of a French friend. Identify yourself. Tell him that you would probably (**probablement**) like to rent his apartment in France. Is it furnished? How many rooms are there? Ask if he has a stereo and cassettes or compact discs. What about a VCR and TV? Is the apartment downtown? Add any other special requests for information that is important to you.

Ici _____

_____

_____

_____

_____

_____

_____

L'école

Première étape

A. Chassez l'intrus! Cross out the word in each group that doesn't fit and write in one that's more appropriate.

1. la chimie / la biologie / les sciences politiques / _____

2. l'histoire / le dessin / la musique / _____

3. le commerce / la géographie / l'économie / _____

4. les langues étrangères / la littérature / l'informatique /

   _____

B. Devinez. List the course(s) that fit the following descriptions.

1. On étudie les nombres. _____

2. On étudie des poèmes et des romans. _____

3. On étudie les plantes et les animaux. _____

4. On écoute des concerts et on joue des instruments. _____

5. On parle de la structure du gouvernement. _____

C. Départ-arrivée. Use the schedule below to find the departure and arrival times for the trips and train numbers indicated. Fill in the "official" times, and then write how you could express these times in conversation, spelling them out in full.

➡ Dijon → Mâcon-Ville   Train 7341
Départ: _12h30_   Arrivée: _13h45_

Le train part à midi et demi et arrive à deux heures moins le quart.

941 Paris–Aix-les-Bains		7341 Dijon–Aix-les-Bains		939 Mâcon-Ville–Annecy	
Paris	23.50	Dijon	12.30	Mâcon-Ville	21.00
Macon-Ville	01.30	Mâcon-Ville	13.45	Lyon	21.40
Bourg-en-Bresse	02.05	Bourg-en-Bresse	14.45	Aix-les-Bains	22.55
Aix-les-Bains	06.15	Aix-les-Bains	16.05	Annecy	24.00

1. Paris → Aix-les-Bains   Train 941

Départ: _____   Arrivée: _____

Le train part à _____ et arrive à _____.

2. Mâcon-Ville → Annecy   Train 939

Départ: _____   Arrivée: _____

Le train part à _____ et arrive à _____.

3. Mâcon-Ville → Aix-les-Bains   Train 7341

Départ: _____   Arrivée: _____

Le train part à _____ et arrive à _____.

4. Dijon → Bourg-en-Bresse   Train 7341

Départ: _____   Arrivée: _____

Le train part à _____ et arrive à _____.

Deuxième étape

D. En quel mois?   Read the following excerpt about French holidays. Write a complete sentence stating when each occurs according to the dates or months given in the list.

Fêtes et congés

Les fêtes

Les congés sont en grande partie commandés par les fêtes. Celles-ci comprennent les fêtes religieuses, issues de la tradition catholique (Pâques, Ascension, Pentecôte, Assomption, Toussaint, Noël) et les fêtes civiles qui évoquent les grandes dates de l'histoire nationale (fête nationale commémorant la prise de la Bastille, fête commémorant l'armistice du 1918, Fête de la Victoire 1945).

Fêtes légales

- 25 décembre: Noël
- 1er janvier: le Jour de l'An
- mars ou avril: Pâques
- 14 juillet: la Fête nationale
- 15 août: l'Assomption
- 1er novembre: la Toussaint
- 11 novembre: la Fête de l'armistice 1918
- 1er mai: la Fête du Travail
- 8 mai: la Fête de la Victoire 1945
- mai (un jeudi): l'Ascension
- mai ou juin: la Pentecôte

Source: Le Nouveau Guide France.

➡ *Noël est le 25 décembre.*

1. _____

2. _____

3. _____

4. _____

5. _____

6. _____

7. _____

8. _____

9. _____

10. _____

E. L'emploi du temps. Based on his schedule, say when Jean-Michel has the courses indicated below or what he does on the days mentioned.

➡ anglais: <u>le lundi, le mercredi et le vendredi</u>

le mercredi matin: <u>Il a le français, l'histoire, l'anglais et les maths.</u>

LUNDI	MARDI	MERCREDI	JEUDI	VENDREDI	SAMEDI	DIMANCHE
dessin	français	français	allemand	éducation	match de foot (Club Sport)	église
biologie	musique	histoire	géographie	physique		
anglais	éducation	anglais	biologie	français		
maths	physique	maths	français	histoire		
						dîner chez grand-mère
allemand	allemand	leçon de piano	peinture	anglais		
histoire	géographie		maths	musique		
français	biologie		informatique	informatique		

1. maths: _____

2. biologie: _____

3. géographie: _____

4. français: _____

5. le samedi: _____

6. le mercredi après-midi: _____

7. le dimanche: _____

F. Et dimanche?   Write a sentence indicating what the following people are going to do on the days noted.

➡ Jeudi / Marie / faire du sport
Jeudi Marie va faire du sport.

1. Lundi / nous / faire une promenade _____

_____

2. Mardi / mes amis / jouer au tennis _____

_____

3. Mercredi / vous / faire du vélo _____

_____

4. Vendredi / Nathalie / faire des courses _____

_____

5. Samedi / tu / ne pas étudier _____

_____

6. Dimanche / je / ? _____

_____

■ Troisième étape

G. Les passe-temps.   Complete the following sentences with the correct form of the verbs indicated.

1. J'adore faire de la natation. Je _____ nager tous les jours.

Aujourd'hui je ne _____ pas parce que j'ai trop de travail.

(vouloir, pouvoir)

2. Mes amis Thomas et Robert _____ bien faire de la natation, mais

ils ne _____ pas parce qu'ils n'ont pas le temps.

(vouloir, pouvoir)

3. Mon amie Claire _____ faire de la musique avec nous parce qu'elle joue du piano. Elle _____ apprendre à jouer de la flûte aussi. (pouvoir, vouloir)

4. Mon ami et moi ne _____ pas jouer au tennis ce week-end parce que nous _____ aller au cinéma. (pouvoir, vouloir)

5. Qu'est-ce que tu _____ faire ce week-end? Toi et tes amis, quand est-ce que vous _____ faire du sport? Le mercredi? Le samedi? (vouloir, pouvoir)

H. À l'école.   Write sentences using the components given.

1. étudiants / prendre / rue Neuve pour aller à l'école

_____

2. professeur / prendre le temps de / expliquer la leçon

_____

3. nous / comprendre bien / professeur

_____

4. je / apprendre / français

_____

5. tu / apprendre / parler / anglais

_____

6. vous / ne pas comprendre / du tout?

_____

■ Intégration

Lecture: Le dimanche des enfants

Avant de lire

1 What do French children do on a day off from school? Check the activities that seem probable to you.

a. _____ Ils sont acteurs/actrices dans une pièce (*play*).

b. _____ Ils vont au cinéma.   **e.** _____ Ils jouent de la guitare.

c. _____ Ils font un petit voyage.   **f.** _____ Ils font du ski.

d. _____ Ils jouent au Monopoly.   **g.** _____ Ils regardent la télé.

2 In French, list three or four activities that you enjoy doing on Sundays.

1. _____

2. _____

3. _____

4. _____

En général

3 Skim the magazine article and list the possible activities given in activity 1 of **Avant de lire** that are actually mentioned in the reading.

_____

4 Skim the article a second time and choose the best ending for the following sentence:

Parmi (*among*) les dix enfants dans l'article...

a. _____ tous adorent le dimanche parce qu'il y a beaucoup à faire.

b. _____ tous adorent le dimanche parce que leurs parents organisent beaucoup d'activités pour eux.

c. _____ certains préfèrent l'école au dimanche parce qu'ils aiment étudier.

d. _____ certains préfèrent l'école au dimanche parce que leurs parents travaillent le dimanche et ils s'ennuient.

Enchanteur ou subi°, le dimanche des enfants

**Grasse matinée° ou jogging à l'aube°, théâtre ou télé...
que font les écoliers durant leur journée de liberté?**

Les rituels

Élève au lycée Michelet de Marseille, Élodie vient d'avoir 15 ans. Il y a deux sortes de dimanches, dit Élodie: ceux qui sont «banals et ternes° parce qu'on se repose». Et ceux qu'elle consacre à sa passion: le théâtre. Depuis l'âge de 7 ans, Élodie joue dans la troupe amateur du Lacydon. Pour elle, dimanche égale répétitions° et... représentation°. «C'est le seul jour de la semaine où tout le monde est disponible° en même temps. C'est un plaisir incomparable d'être sur scène et de sentir° le public qui vous regarde.» Le public évidemment est conquis° d'avance: ce sont les parents, la famille et les copains.

Le charme discret des dimanches en province

Pour Olivia, 11 ans, «les dimanches, c'est la forêt, c'est s'échapper de Nice, c'est la liberté, c'est du temps pas compté». Sa famille se partage une vieille et grande maison de village en montagne°. «C'est comme des vacances, en bien trop court. Les parents oublient d'être sur notre dos° pour nous dire: "C'est l'heure, fais tes devoirs, dépêche-toi°."» Quelques «instantanés°», de ceux qu'elle racontera° à sa copine pendant le cours de français? «Les longues parties de Monopoly avec papa, les châtaignes° que l'on cherche sous les feuilles en automne, les confitures° de mamie°.» Et aussi «les petits matins glacés° d'hiver où l'on part°, encore mal réveillé°, les skis sur le dos.»

J'sais pas quoi faire, vivement lundi!

Et puis, il y a les enfants qui s'ennuient°, parce que leurs parents travaillent, comme Obé, dont le papa est chauffeur de taxi, ou comme Csaba, qui regarde le sport à la télé, pendant que sa maman dirige° un théâtre. «Moi, mes parents veulent dormir°, et je n'ai pas le droit° de faire du bruit ou d'inviter des copines», regrette Nina. Alors, tout compte fait°, ces enfants-là préfèrent encore l'école au dimanche et attendent° le lundi avec impatience. Comme Mathieu, 13 ans, au collège Joffre de Montpellier. «Un dimanche sur quatre, je passe l'après-midi devant la télé. Pour tuer le temps, je zappe à la recherche d'un bon film. Mais il faut que le film soit bon, c'est-à-dire que ce soit un film d'action. Sinon, je regarde des cassettes: *Alien I* et *II*, *Terminator*.»

Flavie, 14 ans, déplore elle aussi les dimanches incolores. «C'est toujours pareil°: Canal Plus, famille, cousins... Voici un déjeuner typique chez mes grands-parents à Pantin: coquilles Saint-Jacques farcies°, gigot°, flageolets°. Trois heures à table, c'est long... »

Les enfants du divorce

Pour les enfants du divorce, comme Olivia, 13 ans, élève dans un collège de Saint-Bonnet-de-Mure dans le Rhône, l'année est rythmée par les dimanches avec papa et ceux avec maman. Ses parents sont séparés depuis à peine un an. Bien sûr, Olivia en a été perturbée, mais elle trouve au moins un intérêt à cette nouvelle situation. Ses week-ends ne sont plus, comme naguère°, synonymes d'ennui. «Maintenant, je fais deux fois plus de choses qu'avant. Le dimanche avec maman, on va au cinéma, et l'hiver, on fait du ski avec une association. Quand c'est le tour de papa, je l'accompagne à son club d'aviation.»

toléré

grasse... sleeping in / tôt le matin

dull

rehearsals / performance
available
feel
conquered

mountains
sur... on our case
hurry up / examples
va raconter
chestnuts
jams / grandma
icy / sets out / awake

are bored

directs
sleep / right
tout... all in all
wait for

la même chose
coquilles... stuffed scallops / leg of lamb / beans

avant

Musique, pique-nique et embouteillages

Dimanche, jour de la musique: «Je joue du piano tout l'après-midi et je ne m'en lasse° pas, raconte la très sérieuse Élisabeth. Surtout Beethoven et Chopin. Mon prof dit qu'il faut que je joue encore plus et papa, qui est pianiste, corrige mes erreurs.» Dimanche, jour de pique-nique: «Ce qui est bien dans la forêt de Fontainebleau, c'est qu'on peut sortir de° table quand on veut», remarque Églantine. Dimanche et ses retours embouteillés: «Quand on revient de Trouville, y'a malheureusement plein de gens qui ont eu° la même idée que nous à la même heure.»

weary

sortir... leave

ont... have had

Source: Marie France

En détail

5 **Les mots.** Using logic and the context in which they occur in the reading, can you guess what the following words mean? They are listed in the order in which they appear. Choose the best English equivalent from the choices given.

Section: Les rituels

1. _____ banal   **a.** ordinary   **b.** baleful

2. _____ se reposer   **a.** to pose   **b.** to rest

Section: Le charme...

3. _____ s'échapper   **a.** to shop   **b.** to escape from

4. _____ court   **a.** short   **b.** long

Section: J'sais pas...

5. _____ tuer (le temps)   **a.** to tie   **b.** to kill

6. _____ incolores   **a.** colorless   **b.** colorful

Section: Les enfants...

7. _____ l'ennui   **a.** the enemy   **b.** boredom

Section: Musique...

8. _____ retours   **a.** returns   **b.** travels

9. _____ embouteillés   **a.** bottles   **b.** jammed

6 **Le texte.** For each of the children in the reading, list the activities that they do on Sundays. Note that some children do more than one activity.

1. Élodie _____

_____

2. Olivia (11 ans) _____

_____

3. Obé _____

_____

4. Csaba _____

_____

5. Nina _____

_____

6. Mathieu _____

_____

7. Flavie _____

_____

8. Olivia (13 ans) _____

_____

9. Élisabeth _____

_____

10. Églantine _____

_____

Et vous?

Complete the following sentences with your own ideas. In the first two, react to the school children in the magazine article. In the last item, describe at least four activities that you are going to do.

1. Je voudrais passer un dimanche avec _____

parce que _____

_____

2. Je ne voudrais pas aller chez _____

le dimanche parce que _____

_____

3. Ce dimanche, _____

_____

_____

_____

_____

À table!

5

Première étape

A. Les achats. Help Odile save time. Rearrange her shopping list so that all items bought at the same store are grouped together.

riz
sel
pêches
tarte aux pommes
yaourt
carottes
biftecks
crevettes
fromage
croissants
jambon
thon
tomates
pâté
pain
homard
lait
gâteau
saucisses
rosbif

épicerie *grocery*
riz
sel
pêches
yaourt
carottes
fromage
tomates
lait

poissonnerie *fish mauot*
crevettes
thon
homard

boucherie *butcher*
biftecks
jambon

charcuterie *deli*
paté
rosbif
saucisses

boulangerie-pâtisserie *bakery*
tarte aux pommes
croissants
pain
gâteau

B. Devinez. Find vocabulary items that match the following descriptions.

1. C'est un légume vert, mince et long. _____

2. C'est un dessert froid. Il y a des parfums (*flavors*) différents. _____

3. C'est un produit énergétique. On fait un sandwich avec ce produit.

_____

4. C'est une boisson alcoolisée. Quelquefois elle est rouge, quelquefois

blanche. _____

5. C'est un fruit rond. Il est rouge ou vert ou jaune. _____

6. C'est un poisson qu'on trouve dans une salade niçoise. _____

7. À vous maintenant. Écrivez une devinette pour la classe.

_____

C. Quels ingrédients? Say what ingredients you would buy to prepare the following items. Choose from the following list of ingredients and *add others* if you wish.

salade	fromage	bœuf	lait	œufs		pommes de terre
thon	sucre	tomates	carottes	farine (*f.*) (*flour*)	oignons	

➡ Pour préparer un gâteau, j'achète *du sucre, du beurre, de la farine,*
du sel et du lait.

1. Pour préparer un citron pressé, _____

_____

2. Pour préparer un ragoût (*stew*), _____

_____

3. Pour préparer une salade niçoise, _____

_____

4. Pour préparer une quiche, _____

_____

5. Pour préparer une tarte, _____

_____

6. Pour préparer votre sandwich préféré, _____

_____

D. Qu'est-ce qu'on boit? Say what the following people do and do not drink. Use the verb **boire** and a form of the partitive article as in the example.

➡ Moi / + café, vin / – chocolat
Moi, je bois du café et du vin. Je ne bois pas de chocolat.

1. Mes cousins / + Canada Dry, Perrier / – bière

_____

2. Ma sœur (Mon frère) / + lait, eau minérale / – coca

_____

3. Vous / + vin rouge, thé au citron / limonade

_____

4. Toi / + jus de fruits, vin blanc / – citron pressé

_____

5. Mes amies et moi, nous / + coca, bière / – thé au lait

_____

6. Moi / + ? / – ?

_____

E. Claire Bouffetout. Complete the following paragraph about Claire Bouffetout using the appropriate *partitive*, *definite*, or *indefinite* article as required.

Claire est gourmande; elle adore manger. Chaque matin, elle prend _____ pain et

_____ beurre avant de manger _____ céréales. Comme boisson, elle a toujours

_____ café au lait. Le matin vers dix heures, elle mange _____ tarte et boit

_____ jus de fruits. Claire aime surtout _____ déjeuner parce qu'elle aime

beaucoup _____ légumes. D'habitude elle prend _____ salade verte et une

assiette de légumes: _____ petits pois, _____ haricots, _____ carottes ou _____

maïs. Claire ne mange pas _____ viande parce qu'elle est végétarienne. Elle

n'aime pas _____ bœuf ni _____ porc, mais quelquefois elle prend _____

poisson. En général elle mange _____ fromage, _____ fruits et _____ dessert

(_____ glace, _____ mousse au chocolat, _____ gâteau). Comme boisson, elle boit _____ eau minérale. Le soir, elle mange (un peu) moins. Elle prépare souvent

_____ soupe, _____ quiche ou _____ pizza, ou bien elle prend _____ pâté et

_____ pain ou quelquefois _____ pâtes ou _____ riz. Elle aime beaucoup _____ coca

ou _____ limonade. Bien sûr, elle aime aussi _____ dessert. Claire «bouffe tout»!

F. Mangez au restaurant. Create dialogues in which you and two of your friends order the following meals. Vary the polite expressions you use to order.

1. (poulet / pommes de terre / bière); (rosbif / haricots verts / citron pressé); (poisson / maïs / café crème)

— _____

— _____

— _____

2. (salade / saucisse / coca); (bifteck frites / carottes / vin rouge); (hamburger à l'avocat / frites / jus d'orange)

— _____

— _____

— _____

3. (À vous d'imaginer!)

— _____

— _____

— _____

◼ Deuxième étape

G. Mais non! David surveyed several classmates on their eating habits. By coincidence, they responded negatively to every question he asked. Read the questions that follow, then write a likely answer using the expressions **ne... pas, ne... plus,** and **ne... jamais.**

→ Tu manges encore avec ta famille?

Non je ne mange plus avec ma famille.

1. Tu bois du lait?

_____

64 MAIS OUI! À table!

2. Tu prends souvent du homard?

_____

3. Tu manges des crevettes au petit déjeuner?

_____

4. Tu manges souvent dans des restaurants exotiques?

_____

5. Tu prends encore du thé au lait?

_____

6. Tu prépares encore du pain grillé?

_____

7. Tu paies souvent les repas de tes copains?

_____

8. Tu as encore le temps de prendre le petit déjeuner?

_____

H. Combien de... Specify the quantities of the grocery items M. Jospin purchased today. Fill in the blanks using the following expressions: **douzaine, tranche, boîte, kilo, bouteille, litre, morceau, 500 grammes.** Use each expression only once.

➡ _une bouteille de_ limonade

1. _____ œufs   **5.** _____ carottes

2. _____ fromage   **6.** _____ lait

3. _____ jambon   **7.** _____ roquefort

4. _____ vin   **8.** _____ petits pois

I. Qu'est-ce qu'on mange chez vous? Compare your eating/drinking habits to those of the friends and family listed below. Decide what food items to compare and use **autant** (=), **moins** (–), and **plus** (+) as indicated.

➡ (mère / =) _Ma mère mange autant de légumes que moi._

1. (frère / +) _____

2. (cousins / –) _____

3. (meilleure amie / =) _____

4. (père / −) _____

5. (camarade de chambre / =) _____

6. (? / +)_____

J. Opinions personnelles. Express a personal opinion on the items below using the adjectives indicated. Use all three types of comparisons: superiority, inferiority, and equality.

1. le homard et les crevettes (cher)

_____

2. les plats préparés (la pizza, les sandwichs, etc.) et un repas traditionnel français (appétissant)

_____

3. les fruits et les produits énergétiques (sain)

_____

4. le bifteck et le saucisson (gras)

_____

5. la glace au chocolat et le gâteau au chocolat (bon)

_____

Troisième étape

K. Paul Pressé. First look at the pictures below and on the next page and number them chronologically.

_2_ faire les courses   _5_ préparer le dîner   _9_ regarder la télé

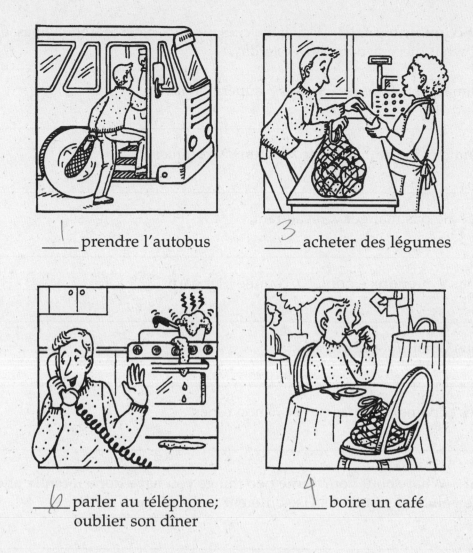

_____1 prendre l'autobus   _____3 acheter des légumes

_____6 parler au téléphone;   _____4 boire un café
oublier son dîner

Now write sentences in chronological order telling what Paul did last Saturday based on the pictures and verb cues.

1. _____

2. _____

3. _____

4. _____

5. _____

6. _____

7. _____

L. Qu'est-ce qu'ils ont fait? Using the cues, write a statement in the **passé composé** telling what these people did yesterday.

1. Mamadou / faire les courses / supermarché

_____

2. Jeanne et Pierre / acheter / légumes exotiques

_____

3. Tu / ne pas manger / restaurant

_____

4. Nous / prendre / poulet / comme plat garni

_____

5. Vous / boire / vin blanc

_____

6. Mes copains / ne pas payer / mon dîner

_____

M. Et toi? What about you? Write two things you have done recently and two things you have not done. Use different verbs for each sentence.

1. _____

2. _____

3. _____

4. _____

N. Expliquez. Try your hand at writing explanations about things, people, and places. Use the expressions on page 199 in your text to help you describe the following items.

➡ épicerie _C'est un magasin. Une épicerie est plus petite qu'un supermarché._
C'est là où on achète des fruits, des légumes et du lait, par exemple.

1. un supermarché _____

_____

2. un restaurant _____

_____

3. un dessert _____

_____

4. un plat garni _____

_____

5. une serveuse _____

_____

6. un chef de cuisine _____

_____

Intégration

Lecture: Sandwichs, le test

Avant de lire

1 Circle the words you are most likely to find in this article taken from a magazine on health and fitness, considering the title of the reading.

beurre	dessert	viande
régime	mayonnaise	santé
grossir	poulet	appartement
jambon	restaurant	tomate

En général

2 Skim the article and, looking at the subtitles and other information, rank the five sandwiches from healthiest to least healthy.

1. _____

2. _____

3. _____

4. _____

5. _____

Sandwichs, le test

En France, nous achetons chaque jour plus de trois millions de sandwichs. Ce n'est pas une raison pour avaler « n'importe quoi entre deux tranches de pain ». Le Dʳ Thierry Gibault, nutritionniste, a analysé pour vous les sandwichs les plus courants. Son opinion.

JAMBON-BEURRE-CORNICHONS : ÉQUILIBRÉ

Ce grand classique présente un bon équilibre nutritionnel entre les protéines, les sucres et les graisses. Une seule réserve : le beurre (graisse animale saturée) est déconseillé à ceux qui souffrent d'excès de cholestérol. Une bonne note tout de même.

Calories : 500
Sucres : 47%
Graisses : 34%
Protéines : 17%

POULET-CRUDITÉS* : IDÉAL

C'est incontestablement le meilleur sandwich sur le plan nutritionnel : un apport parfait en protéines et des graisses en proportion limitée. De plus, les lipides de la volaille, en majorité insaturés, sont bénéfiques pour la santé. Attention toutefois au surplus de mayonnaise...

*Concombre-tomate-salade-mayonnaise.
Calories : 560
Sucres : 43%
Graisses : 35%
Protéines : 21%

BEURRE-CAMEMBERT : TROP GRAS

Un peu plus riche que le « jambon-beurre » car le camembert est plus gras. Bilan, plus de graisses et moins de protéines et de sucres lents. Attention, également, en cas de cholestérol.

Calories : 560
Sucres : 41%
Graisses : 42%
Protéines : 15%

HOT-DOG : PAS SI MAL

Contrairement aux apparences, cet en-cas est peu gras, nettement moins que le sandwich au camembert! De plus, les graisses de la saucisse (viande de porc) sont proportionnellement moins saturées que celles du fromage. Un peu court en protéines toutefois.

Calories : 530
Sucres : 45%
Graisses : 36%
Protéines : 17%

LE « TURC* » : À ÉVITER

Carton rouge! Trop riche (250 cal de plus que les autres, soit l'équivalent d'un pain au chocolat ou de trois yaourts) et, surtout, bien trop gras (merci, les frites!). Du coup, pas assez de protéines à effet rassasiant ni de sucres lents. Une folie à réserver aux grandes occasions...

*Viande-tomates-oignons-sauce-frites.
Calories : 800
Sucres : 40%
Graisses : 43%
Protéines : 16%

LA MÉTHODE

Tous ces calculs prennent en compte un sandwich « de base », réalisé avec 100 g de pain (près d'une demi-baguette), 60 à 80 g de garniture (jambon, saucisses, camembert, poulet, crudités...) et des quantités adaptées de beurre, moutarde, salade, sauce.

En détail

3 Les mots

A. Devinez.   Find the following words in context in the article and write their equivalent in English.

1. équilibre _____

2. graisses _____

3. folie _____

4. proportionnellement _____

5. contrairement _____

6. excès _____

7. bénéfiques _____

8. déconseillé _____

B. Identifiez.   Read the magazine article and determine which of the phrases in the right-hand column best describes each of the sandwiches in the left-hand column.

1. ____ Le jambon-beurre-cornichons

2. ____ Le poulet-crudités

3. ____ Le beurre-camembert

4. ____ Le «Turc»

5. ____ Le hot-dog

a. est trop gras à cause des frites.
b. n'est pas aussi mauvais que sa réputation.
c. est bon pour la santé, mais il contient un peu trop de matière grasse.
d. a une proportion raisonnable de graisses et de protéines.
e. contient un fromage très gras.

4 Le texte

A. Qualité.   Complete the following sentences with **plus, moins, aussi,** or **meilleur(e)(s),** according to the information in the reading.

1. Un pain au chocolat est _____ riche que trois yaourts.

2. Le hot-dog est _____ dangereux pour le cœur que le «Turc».

3. Les graisses de la saucisse sont _____ que les graisses du camembert.

4. Le beurre-camembert est _____ gras que le hot-dog.

5. Le jambon-beurre-cornichons est équilibré, mais _____ bon que le poulet-crudités.

B. Quantité. Complete the following sentences with **plus de, moins de,** or **autant de,** according to the information in the reading.

1. Le beurre-camembert a _____ calories que le poulet-crudités.

2. Le hot-dog a _____ calories mais _____ graisses que le poulet-crudités.

3. Le poulet-crudités a _____ légumes que le «Turc».

4. Le jambon-beurre-cornichons contient _____ protéines que le hot-dog.

Et vous?

1. In your opinion, what is the ideal sandwich? Write four sentences describing your creation.

➡ *Le meilleur sandwich a beaucoup de crudités, mais pas d'oignons.*

1. _____

2. _____

3. _____

4. _____

2. Now compare your sandwich with those in the article. Write five sentences using any of the following words.

| plus | moins | aussi | autant |

1. _____

2. _____

3. _____

4. _____

5. _____

6

Le temps et les passe-temps

Première étape

A. Quel temps fait-il? Based on the weather report below, say what the weather is like in the cities listed on page 74.

➡ À Regina *il y a des nuages et il fait très froid. La température est entre moins sept et moins quatorze degrés.*

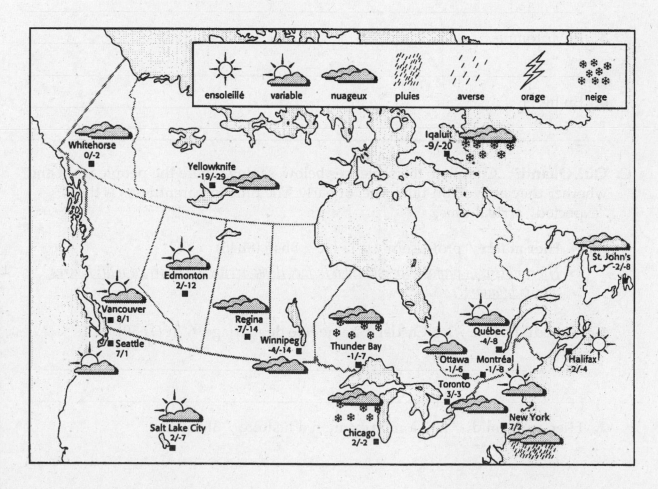

1. À Chicago _____

2. À Halifax _____

3. À Vancouver _____

4. À New York _____

5. À Iqaluit _____

B. Associations. Refer to the expressions in your textbook used to talk about weather. Describe the typical weather pattern in your area for each of the seasons using the expressions you associate with that season. (You can also say what the weather is *not* like.)

1. Au printemps _____

_____

2. En été _____

_____

3. En automne _____

_____

4. En hiver _____

_____

C. Où? Quand? Complete the sentences below, saying where the people went and whether they arrived on time, late, or early. The time in parentheses is the "expected" arrival time.

➡ Hier matin / professeur / à la fac / 8h45 (8h45)

Hier matin, le professeur est allé à la fac. Il est arrivé à l'heure, à neuf heures moins le quart.

1. Samedi dernier / les Cartier / à une fête de mariage / 2h (1h30)

_____

_____

2. Hier après-midi / je / à mon examen d'histoire / 3h45 (4h)

_____

_____

3. Hier soir / mes amis et moi, nous / au concert / 8h30 (8h30)

_____

_____

4. Ce matin / vous / à Genève / 10h20 (10h30)

_____

_____

5. Hier soir / mon amie Claudine / au cinéma / 7h40 (7h40)

_____

_____

6. Dimanche après-midi / tu / au musée / 1h15 (1h)

_____

_____

D. Combien de temps? Complete the sentences saying how long the following people stayed in the places indicated and what time they returned home.

➡ Léopold / à la bibliothèque (8h15 – 8h40)

Léopold est resté vingt-cinq minutes à la bibliothèque. Il est rentré à neuf heures moins vingt.

1. Les étudiants / au restaurant universitaire (9h10 – 10h) _____

_____

2. Tu / à la pâtisserie (9h45 – 10h05) _____

_____

3. Nous / à la banque (10h15 – 10h25) _____

_____

4. M. Achat / au supermarché (10h50 – 12h) _____

_____

5. Vous / au café (12h30 – 1h45) _____

_____

6. Je / au musée (2h15 – 4h30) _____

_____

E. Il y a longtemps?   Help the police track down the bank robber. Look at the sign-in sheet below and say how long ago each person entered the bank vault. The current time is 4:30 P.M.

8h15	*M. Jacques Tournier*
9h30	**Mme Anne-Marie Dion**
10h00	*Mlle Naïma Rubert*
11h30	*Mme Dupont*
1h30	*Mlle Mireille Dubonnet*
3h45	*M. Driss Mustapha*

1. M. Jacques Tournier _____

2. Mme Anne-Marie Dion _____

3. Mlle Naïma Rubert _____

4. Mme Dupont *est entrée il y a cinq heures.* _____

5. Mlle Mireille Dubonnet _____

6. M. Driss Mustapha _____

Deuxième étape

F. Chassez l'intrus.   One word in each group cannot be used with the verb in parentheses. Identify which one and explain your response, using the subject indicated.

➡ (voir) un film / un roman / une comédie / un drame
   On *voit un film, une comédie et un drame, mais on lit un roman.*

1. (dire) des bêtises / la vérité / des variétés / son opinion

   Je _____

   _____

2. (voir) des dessins animés / des bandes dessinées / des drames / des feuilletons

   Nous _____

   _____

3. (écrire) les sports / des lettres / des romans / des rapports

Vous _____

_____

4. (lire) le journal / des histoires / le journal télévisé / une publicité

On _____

_____

G. Un week-end pluvieux. Danielle describes how she and her cousin spent a rainy weekend. Complete the paragraph in the **passé composé,** choosing from the verbs in the list. You may use a verb more than once, but you must use each verb at least once. (Attention! Some verbs use **être** and others use **avoir** as the auxiliary.)

aller	comprendre	lire	rentrer
apprendre	décider	oublier	rester
arriver	écrire	préparer	voir
commencer	faire	rater	

Quel mauvais temps! Patrick (1) _est arrivé_ vers 9h30 samedi

dernier sous la pluie. Impossible de faire du sport ou une promenade. Alors

nous (2) _avons lit_ les critiques de films dans le journal et nous

(3) _avons décidé_ d'aller au cinéma. Nous (4) _sommes_ vers

15h45. Le film (5) _est commencé_ à 16h. Nous (6) _avons vu_

Chocolat—un excellent film! Après la séance, nous (7) _sommes allés_ au

café retrouver nos copains et prendre une boisson. Malheureusement nous

(8) _avons oublié_ l'heure, alors nous (9) _sommes rentrés_ deux heures

en retard. Mes parents (ne pas) (10) _ont compris_ ! Ils n'étaient pas du tout

contents parce que nous (11) _avons raté_ le dîner—et la fête de mon oncle

Georges! Conséquence? Le lendemain, je (12) _suis restée_ à la maison et

j(e) (13) _j'ai fait_ mes devoirs. J(e) (14) _j'ai écrit_ un

rapport pour mon cours de psychologie et j(e) (15) _j'ai préparé_ un

examen d'anglais. Et j(e) (16) _j'ai appris_ à ne pas oublier l'heure!

H. La compatibilité. Christophe is looking for someone to share an apartment with him. Read his questions, and answer according to your own preferences and habits. Use a direct object pronoun in your response.

➡ Pavarotti est mon chanteur favori. J'adore la musique classique, et toi?
Bien sûr, je l'aime beaucoup (or: *Je ne l'aime pas du tout.*)

—En plus, j'aime les films d'épouvante—et toi?

_____

—Par contre, je ne regarde jamais la télévision. Tu regardes souvent la télévision?

_____

—Moi, j'ai un abonnement au journal. Tu lis le journal tous les jours?

_____

—Moi, je ne sais pas cuisiner. Tu fais la cuisine peut-être?

_____

—Je suis un étudiant sérieux et je fais mes devoirs tous les soirs. Et toi?

_____

—Le week-end j'adore faire du sport. Et toi, tu aimes le sport aussi?

_____

I. Un(e) étudiant(e) typique? The teacher wants to be sure you're keeping up with your work and that you understand the material well. Answer the following "teacher" questions using a direct object pronoun in your response. Don't forget to make agreement of the past participle when necessary.

1. Vous avez fait vos devoirs?

_____

2. Vous avez lu la leçon?

_____

3. Vous avez vu la vidéo?

_____

4. Vous avez compris les exercices?

_____

5. Vous voulez passer l'examen aujourd'hui?

_____

6. Vous voulez écrire votre rapport?

_____

7. Vous voulez aider vos camarades?

_____

8. Vous voulez écouter la cassette?

_____

Troisième étape

J. Les choix. Indicate the choices you think the following people would make from among those indicated below.

➡ choisir des desserts au chocolat

Les gens disciplinés *ne choisissent pas de dessert(s) au chocolat.*
Moi, je *choisis toujours des desserts au chocolat!*

1. réfléchir à sa santé

Les gens disciplinés _____

Mon copain _____

Je _____

2. réussir à faire du sport tous les jours

Les étudiants disciplinés _____

Ma famille et moi, nous _____

Vous _____

3. finir vite les devoirs

Les étudiants disciplinés _____

Mes camarades de classe _____

Moi, je _____

4. choisir des plats sains

Les gens disciplinés _____

Mon/Ma camarade de chambre _____

Vous _____

K. Grossir ou maigrir? Read about the habits of the following people and complete the sentences with the correct form of the logical verb: **grossir** or **maigrir.**

1. Les étudiantes _____ parce qu'elles prennent souvent des hamburgers et des frites au déjeuner.

2. Le professeur ne regarde pas d'émissions sportives à la télé, mais il fait de la gymnastique tous les jours, alors il _____ .

3. Quand tu manges trop de desserts, tu _____ , bien sûr!

4. Nous mangeons toujours des plats sains, et nous faisons régulièrement de l'exercice. Voilà pourquoi nous _____ .

5. Vous n'aimez pas du tout le sport ou les activités physiques, mais vous adorez le chocolat, alors vous _____ .

6. Pendant les vacances, j'aime regarder la télé et manger souvent au restaurant, donc, d'habitude je _____ un peu en été.

L. Des invitations.   Put the sentences of the following conversations in a logical order.

1. _____ Ça t'intéresse?

_____ Je veux bien. Prenons ma voiture.

_____ Il y a un match de hockey cet après-midi.

_____ Bonne idée.

2. _____ Rendez-vous à six heures?

_____ Allons au restaurant. Je t'invite.

_____ Parfait.

_____ Volontiers.

3. _____ D'accord.

_____ Voudriez-vous aller au cinéma?

_____ Une autre fois, alors?

_____ Malheureusement, je n'ai pas le temps.

Intégration

Lecture: Ils sont champions du monde!

Avant de lire

1 **Les mots**

A. This article reports on the outcome of the 1998 World Cup final match. Many words in the reading are similar to English words. Some of them are listed below. Can you guess their meaning?

1. héroïques _____

2. légendes _____

3. demi-finales _____

4. champions _____

5. gloire _____

6. mythologique _____

7. résidence _____

8. exubérants _____

B. You will also encounter some verbs in a past tense called the imperfect (**l'imparfait**). Try to guess the infinitive form of each of the following verbs, which appear in the article in the imperfect.

1. (se) préparait _____

2. commentait _____

3. pensait _____

4. chantaient _____

2 Choose the best description for each paragraph of the article.

1. _____ «Ils sont champions... »
2. _____ «Ils sont champions du monde et... »
3. _____ «Dès les premières heures... »
4. _____ «Les joueurs... »

a. la fête après le match
b. le jour du match et les fans
c. la diligence de l'équipe
d. la victoire des Français

Ils sont champions du monde!

Ils sont champions du monde de football. Ce titre est suprême dans le sport le plus populaire de la planète. On le pensait toujours destiné aux autres: aux Allemands, aux Argentins, Italiens ou Brésiliens, tous des habitués de la gloire. La France? Elle finissait plutôt en demi-finales et en défaites héroïques. C'était vrai jusqu'à cet historique 12 juillet 1998, jusqu'à cette liesse° insensée qui a déferlé sur tout un pays. «Maintenant, commentait simplement un supporteur brésilien, vous allez savoir ce que c'est que la gloire.

joie

Ils sont champions du monde et ils ont jeté un million et demi de personnes sur les Champs-Élysées, la plus célèbre avenue du monde et lieu mythologique de résidence des héros grecs. Ils sont venus de partout, de l'est et du nord, des banlieues et du centre, dans des voitures décorées de drapeaux tricolores, garçons et filles exubérants, chantant, dansant, s'embrassant, criant: «On est les champions!». Ils ont recouvert la chaussée° depuis la porte Maillot l'avenue jusqu'à la place de l'Étoile, quelque chose de pas vu depuis la Libération.

l'avenue

Dès les premières heures de la journée, c'était étrange, la France entière se préparait à la victoire. Bleu-blanc-rouge étaient les visages maquillés, bleu-blanc-rouge les vêtements, bleu-blanc-rouge les drapeaux. Bien des heures avant le coup d'envoi°, la foule avait pris place au Stade de France. Ceux qui n'avaient pas de billets déambulaient autour du gigantesque bâtiment pour le simple plaisir d'être là. Tous chantaient: «On va la gagner! On va la gagner!». On voyait des très importantes personnes, invités de marque, chefs d'entreprise et des cadres supérieurs hilares, le visage bariolé° porteurs du maillot de l'équipe de France ou en

kickoff

painted

T-shirt. Michel Platini° montrait l'exemple. Il avait le maillot sous la veste. Jacques Chirac° son maillot fétiche, numéro 23, à la main, et l'écharpe tricolore autour du cou, comme Lionel Jospin°. Ils sont champions du monde et ils l'ont bien mérité. Le match? Quel match? Le Brésil est tombé sans honneur, dominé par une équipe de France à peu près parfaite et, cette fois, si sûre de sa force.

champion de foot
Président de la
  République /
  Premier ministre

Les joueurs, eux, n'ont jamais lâché, et c'est ce qui a compté. Le secret de ce groupe de vainqueurs? «La volonté de rendre la France heureuse.»

Source: Reprinted with permission from *Le mundial.*

En détail

3 **Les mots**

A. Using context and cognates, guess the meaning of the words in bold and check the most likely English equivalent.

1. (par. 1) «On le pensait toujours **destiné** aux autres... »

   a. _____ described

   b. _____ destined

2. (par. 2) «Ils sont venus de partout, de l'est et du nord, des **banlieues** et du centre... »

   a. _____ suburbs

   b. _____ borders

3. (par. 3) «Ceux qui n'avaient pas de billets **déambulaient** autour du gigantesque bâtiment pour le simple plaisir d'être là.»

   a. _____ demonstrated

   b. _____ strolled

4. (par. 4) «Les joueurs, eux, n'ont jamais **lâché,** et c'est ce qui a compté.»

   a. _____ scored

   b. _____ gave up

B. Interprétez. Using context and cognates, guess the meaning of the phrase **«tous des habitués de la gloire»** in the first paragraph.

   a. _____ all habits of glory

   b. _____ all accustomed to glory

   c. _____ all glorious habitats

4 **Le texte**

Based on the article, choose the best verb to complete the following sentences in the **passé composé**.

chanter   gagner   faire   dire   arriver   voir

1. Le 12 juillet 1998, les Bleus _____ la Coupe du Monde.

2. Un million et demi de personnes _____ la fête dans la rue après le match.

3. La France (ne... pas) _____ une si grande célébration depuis la Libération.

4. Pendant le match, tout le monde _____ : «On va le gagner!»

5. Un supporteur brésilien _____ que la France va comprendre la gloire.

6. La foule _____ au Stade de France des heures avant le match.

Et vous?

Imagine that you are a sports writer for your school newspaper. Choose a sport and write three or four sentences announcing an upcoming match and another three or four reporting about the match after the fact. Use expressions from Chapter 6 that indicate past and future time. Mention, for example, the day, the weather, the name of the two teams, the expected and actual outcome, and the reasons for the victory or defeat.

➡ (Avant) *Demain notre équipe de...*
   (Après) *La semaine dernière...*

1. _____

   _____

   _____

   _____

2. _____

   _____

   _____

7

Voyages et transports

■ Première étape

A. À l'agence de voyage. Vous êtes agent(e) de voyage. Dans le tableau suivant vous indiquez les préférences de vos clients. Écrivez ces indications pour chaque client en phrases complètes.

CLIENT	CHAMBRE						HÔTEL									
	1p.	2p.	3p.	4p.	sdb.	dche.	🏊	🚗	🛗	♿	📞	TV	☆	D.P.	S.R.	R.
Ahmed		X			X			X								X
Jean-Marc	X				X											X
Klein		X			X		X		X	X						
Saint-Paul		X									X			X		
Dupont			X			X	X	X				X	X			

Légende des abbréviations

sdb. = salle de bains

dche. = douche

🏊 = piscine

🚗 = garage

🛗 = ascenseur

♿ = chambres accessibles aux handicapés physiques

📞 = téléphone dans la chambre

TV = télévision dans la chambre

☆ = petit déjeuner

D.P. = demi-pension

S.R. = sans restaurant

R. = restaurant

➡ Mlle Ahmed: *Elle voudrait une chambre à deux personnes avec salle de bains. Elle préfère un hôtel avec un restaurant et un garage.*

1. Jean-Marc: _____

_____

2. M./Mme Klein: _____

_____

3. Christine et Catherine Saint-Paul: _____

_____

4. M./Mme Dupont, fils Charles: _____

_____

B. Lundi matin chez les Genet. Monsieur Genet décrit le lundi matin typique dans sa famille. Complétez sa description en employant les éléments donnés.

1. Nous / ne pas dormir / tard

_____

2. Ma femme / dormir / jusqu'à 6h30

_____

3. Les enfants / dormir / jusqu'à 7h

_____

4. Ma femme / servir / petit déjeuner / à 7h15

_____

5. 8h / les enfants / partir pour l'école

_____

6. 8h15 / ma femme et moi, nous / partir aussi

_____

7. Et vous? Jusqu'à quelle heure / dormir?
À quelle heure / sortir?

_____

C. Habitudes. Jacques fait un sondage sur les habitudes des étudiants. Répondez à ses questions par des phrases complètes.

1. Aimez-vous les repas qu'on sert au restaurant universitaire? Qu'est-ce qu'on a servi hier?

_____

_____

2. Qu'est-ce que vous servez quand vous avez des invités chez vous?

_____

_____

3. À quelle heure est-ce que vous partez pour vos cours d'habitude (*usually*)? Est-ce que vous êtes parti(e) à l'heure ce matin?

_____

_____

4. Est-ce que vous dormez tard le samedi matin? Avez-vous dormi tard ce matin?

_____

_____

5. Où allez-vous quand vous sortez le week-end? Avec qui êtes-vous sorti(e) le week-end dernier?

_____

_____

D. Habiter en Tunisie. En 1989, Sadia et son mari sont allés habiter en Tunisie. Décrivez sa vie depuis 1989 d'après les informations suivantes en employant les expressions de temps indiquées.

arriver en Tunisie	commencer ses études	stage d'été en France	terminer ses études	enseigner le français	présent
1989	1990	1992	1995	1996	200?

➡ commencer ses études (il y a)

Sadia a commencé ses études il y a _____ ans.

1. être en Tunisie (depuis) _____

2. arriver (il y a) _____

3. étudier à la fac (pendant) _____

4. faire un stage en France (pendant) _____

5. terminer ses études (il y a) _____

6. trouver un poste (il y a) _____

7. être professeur de français (depuis) _____

Deuxième étape

E. En vacances. Qu'est-ce que vous aimez faire pendant les vacances? Souvent l'activité dépend de l'endroit. Complétez la liste d'activités possibles pour les endroits indiqués. (Regardez le vocabulaire à la fin du chapitre, pages 292–293, dans votre manuel de classe si vous voulez.)

1. Au bord de la mer ou d'un lac, on peut aller à la pêche, _____

_____

2. Dans la forêt ou à la montagne, on peut faire du camping, _____

_____

3. Dans une grande ville, on peut visiter les vieux quartiers, _____

_____

4. Moi, j'aime beaucoup _____

_____

F. Les grandes vacances. Où ces étudiants vont-ils passer leurs vacances? Complétez les phrases avec les prépositions ou l'article qui conviennent. Placez un **X** dans l'espace si la préposition ou l'article n'est pas nécessaire.

1. _____ Dakar est la capitale _____ Sénégal où Izà va passer un mois cet été.

2. _____ Portugal est la destination de Monique et de ses amis. Après ça, ils

vont aller _____ Espagne.

3. Kai pense aller _____ Londres, mais il n'est pas sûr. S'il a assez d'argent, il

va aller chez sa tante _____ Japon.

4. Guy a de la chance! Il va passer un mois _____ Chicago, _____ États-Unis.

_____ Chicago est sa ville préférée!

5. Christine veut aller _____ Danemark, _____ Belgique et _____ Pays-Bas.

6. Alain a trouvé un travail d'été _____ Israël.

7. Marc va voir sa cousine _____ Guadalajara, _____ Mexique.

8. Cet été, Bernard va _____ Genève. Il va faire de l'alpinisme _____ Suisse

avec son ami Patrice.

G. De quel pays? D'où viennent les personnes suivantes? D'où reviennent-elles? Répondez selon les indications suivantes concernant leur pays d'origine et le pays dont elles reviennent.

➡ Tu: Suisse / Maroc

Tu viens de Suisse. Tu reviens du Maroc.

1. Mme Lagarde: Luxembourg / Pays-Bas

_____

2. Sadia et Karim Ahmed: Algérie / France

_____

3. Mes amis et moi, nous: Allemagne / Chine

_____

4. Tu: Canada / Philippines

_____

5. Vous: Brésil / Chili

_____

6. Je: ? / ?

_____

▪ Troisième étape

H. Vacances. Complétez les phrases suivantes en employant les éléments donnés.

À l'école le jour avant les vacances...

1. Anne / ne pas répondre / questions du professeur

_____

2. Georges / ne pas entendre / ses questions

_____

3. Les étudiants / attendre / vacances avec impatience!

_____

Pendant les vacances...

4. Ma famille et moi, nous / rendre visite / nos grands-parents

_____

5. Thomas / perdre beaucoup de temps / aéroport

_____

6. Julie et Paul Martin / descendre / dans un hôtel au bord de la mer

_____

7. Et vous? Attendre / les vacances avec impatience?

_____

I. Bon voyage!   Julien et M. et Mme Godot se préparent à voyager. Décrivez leurs activités. Complétez les phrases suivantes en employant **lui** ou **leur.** Faites attention au temps convenable: présent, passé ou futur.

1. *Julien part pour la Guadeloupe.*

Aujourd'hui / son camarade de chambre / prêter une valise

Aujourd'hui *son camarade de chambre lui prête une valise.*_____

Hier / son prof de français / parler des sites touristiques en Guadeloupe

Hier _____

Demain / ses parents / dire «bon voyage»

Demain _____

La semaine prochaine / ses copains / écrire des e-mails

La semaine prochaine _____

2. *Monsieur et Madame Godot prennent le train pour aller en Italie.*

Hier / l'agent de voyage / téléphoner pour donner des renseignements

Hier _____

Demain / l'employée / vendre un billet de train

Demain _____

Aujourd'hui / leur fils / rendre visite pour dire «au revoir»

Aujourd'hui _____

Aujourd'hui / leur fille / emprunter la voiture

Aujourd'hui _____

J. D'habitude.   Quand vous n'êtes pas en vacances, qu'est-ce que vos copains et vous faites d'habitude? Est-ce que vous faites souvent les activités suivantes ou non? Répondez en employant le pronom qui convient: **le, la, les, l'** ou **lui, leur.**

➡ regarder quelquefois *la télé?*
(nous) *Oui, nous la regardons quelquefois.*

téléphoner souvent *au professeur?*
(je) *Non, je ne lui téléphone jamais.*

1. écrire des e-mails *à vos parents?*

(nous) _____

2. écouter *la musique de Tim McGraw?*

(nous) _____

3. parler de politique *à votre camarade de chambre?*

(je) _____

4. visiter *les sites touristiques dans votre ville?*

(je) _____

5. lire *le journal?*

(nous) _____

6. téléphoner *à vos copains/copines?*

(nous) _____

7. dire toujours *la vérité?*

(nous) _____

8. dire «Bonjour!» *à vos camarades de classe?*

(je) _____

■ Intégration

Lecture: Club Med en montagne

Avant de lire

1 Qu'est-ce qu'on fait dans une station de ski (*ski resort*) pendant l'été? Cochez toutes les réponses qui vous semblent probables.

    a. _____ On joue au tennis.

    b. _____ On fait du golf.

    c. _____ On nage dans la piscine.

    d. _____ On va en promenades guidées.

    e. _____ On fait du ski.

    f. _____ On fait du golf miniature.

    g. _____ On fait de l'équitation (*horseback riding*).

    h. _____ On fait de la voile (*sailing*).

    i. _____ On fait de la musculation (*weightlifting*).

En général

2 Parcourez le texte une première fois. Parmi les possibilités notées dans **Avant de lire,** quelles activités trouvez-vous dans l'article?

3 Parcourez le texte une deuxième fois et cochez les renseignements que vous y trouvez.

    a. _____ une description de Bourg-St-Maurice

    b. _____ les heures où on peut faire du ski

    c. _____ le prix des différents sports

    d. _____ les activités organisées par le club

    e. _____ les activités supplémentaires

    f. _____ le nombre de jours de pluie en été

    g. _____ une description de l'hôtel et des chambres

Tignes-Val Claret

Pour les mordus[1] de ski, il y a de la neige sur les glaciers! L'après-midi, tennis, piscine ou repos! Pour les amateurs de promenades, les montagnes majestueuses vous accueillent[2]. Neige d'été!

VILLAGE

Vous êtes en Savoie, dans «la» grande station du ski d'été, à 27 km de Bourg-St-Maurice. L'hôtel est situé au pied de la Grande Motte. Vous y trouverez un restaurant, un bar, une boutique, une piscine, un sauna.

LOISIRS

Jeux de société[3], films vidéo en quatre langues sur grand écran, concerts enregistrés[4], discothèque, soirées Club.

Ski, golf, vélo, tennis, randonnées[5]... vous n'aurez que l'embarras du choix. Détente entre amis, ou en famille, au bord de la piscine.

SKI D'ÉTÉ

Vous skierez sans interruption jusqu'à 13 heures, entre 2 600 et 3 550 m[6], sur le glacier de la Grande Motte. Si le ski d'été se pratique en tenue[7] légère, prévoyez[8] cependant un équipement chaud pour les jours de temps couvert.

SPORTS

Tennis: 4 courts en dur[9]. Petite salle de musculation. Gymnastiques variées: aérobic, stretching... Tir à l'arc[10]. Golf. Promenades à la découverte[11] de la faune, la flore, la géologie et l'habitat. Promenades guidées en moyenne[12] montagne.

ACTIVITÉS HORS CLUB

Voile. Pêche à la truite. Tir[13]. Équitation. Rafting.

INFORMATIONS UTILES

Températures et jours de pluie

	mai	juin	juil.	août	sept.	oct.
☀	12,2	15,5	18,2	17,6	14,8	10,4
🌧	4,7	5,2	5	4,7	4	4

220 chambres à 2 lits avec salle de bains—quelques-unes de 3 et 4 lits pour les familles. Il existe également[14] des chambres individuelles avec douche. Les chambres ferment à clef et sont équipées de coffrets de sécurité[15]. Vous pourrez louer des skis au village.

---

1. fanatiques   2. *welcome*   3. jeux... *parlor games*   4. *recorded*
5. promenades   6. 1 mètre = 39 inches   7. vêtements   8. *plan for*
9. en... *hard surface*   10. *archery*   11. *discovery*   12. *middle*
13. *rifle practice*   14. aussi   15. coffrets... *safes*

4 Les mots

A. Devinez. Quel est le sens des mots suivants? Écrivez l'équivalent anglais. Vous allez remarquer que les mots sont presque identiques dans les deux langues.

1. le repos _____

2. majestueuses _____

3. l'embarras _____

4. le choix _____

5. au bord de _____

6. situé _____

7. société _____

8. se pratique _____

9. couvert _____

10. variées _____

11. la faune et la flore _____

12. sécurité _____

B. Soulignez. Maintenant, soulignez au moins dix autres mots français dans l'article qui sont semblables (ou identiques) en anglais.

5 Le texte

A. Renseignements. Complétez les phrases suivantes d'après l'article.

1. Pour danser je peux aller _____.

2. Tignes–Val Claret est près de la ville _____.

3. Pour faire du shopping à l'hôtel, il y a une _____.

4. Quand on fait des randonnées on peut découvrir _____

_____.

5. Tignes–Val Claret est dans la partie de la France qui s'appelle _____.

6. Certaines chambres ont des bains et d'autres des _____.

B. Le temps. Choisissez la meilleure façon de terminer cette phrase.

Quand on considère les mois de mai, juin, juillet, août, septembre et octobre...

1. _____ est le mois avec les températures les plus élevées.

2. _____ est le mois avec les températures les moins élevées.

3. _____ est le mois avec plus de cinq jours de pluie.

4. _____ est/sont le(s) mois avec un minimum de pluie.

Et vous?

1. En regardant les activités offertes à Tignes–Val Claret, décidez ce que vous voudriez y faire pendant un séjour d'une semaine.

jours	mes activités		
	matin	**après-midi**	**soir**
dimanche			
lundi			
mardi			
mercredi			
jeudi			
vendredi			
samedi			

2. Quand on écrit une carte postale, ce qu'on dit dépend de la personne à qui on écrit. Le langage et les faits mentionnés peuvent varier beaucoup. Imaginez que vous avez passé une semaine magnifique à Tignes–Val Claret. D'abord, écrivez une carte postale à une personne âgée que vous avez rencontrée en France, puis une carte à votre meilleur(e) ami(e).

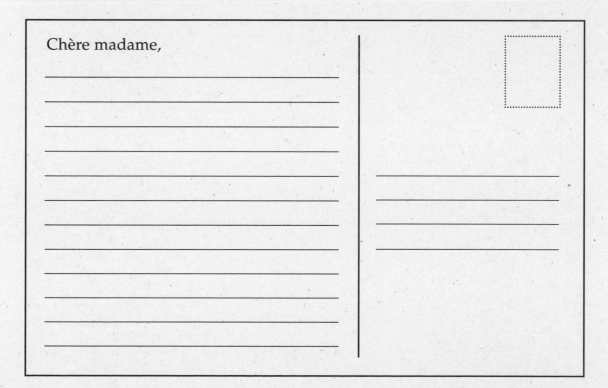

Chère madame,

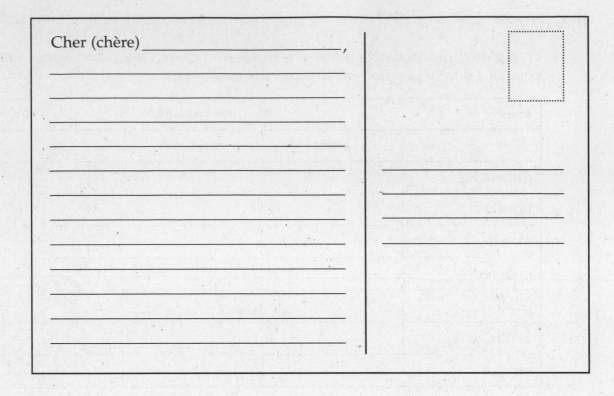

Cher (chère) _____,

Les relations humaines

8

Première étape

A. Il était une fois... Mme Lagarde décrit sa jeunesse. Complétez les paragraphes suivants en employant l'imparfait des verbes indiqués.

faire   rester   passer   aller

Dans ma famille, on _____ beaucoup de temps ensemble. Nous

_____ des travaux ménagers le samedi matin, et l'après-midi, nous

_____ quelquefois au parc ou au musée. Pendant la semaine, nous

_____ en général à la maison.

regarder   écrire   avoir   lire   préférer

On _____ des goûts différents. Le soir, j(e) _____ des

bandes dessinées alors que mes sœurs _____ des rapports pour leurs

cours. Quelquefois, j(e) _____ des variétés ou des dessins animés avec

mes sœurs, mais elles _____ les feuilletons.

être   aimer   partager   avoir   dire   penser

La vie n(e) _____ quand même pas parfaite. Nous _____

de temps en temps des disputes, comme tous les enfants. Parce que mes sœurs

_____ plus âgées, elles n(e) _____ pas jouer avec moi, et elles

n(e) _____ pas leurs affaires avec moi non plus. Elles _____

que j(e) _____ trop jeune.

faire   passer   jouer   écouter

Alors, par pitié, maman et Thierry, mon petit frère, _____ aux cartes

avec moi, ou nous _____ de la musique à la radio. En somme, j(e)

_____ des heures à m'amuser, mais à huit heures tous les soirs, chaque

enfant _____ ses devoirs!

B. En vacances!   Quand elle était petite, Christine et sa famille passaient cinq
semaines chaque été à Amboise dans le Val de Loire en France. Regardez les
renseignements touristiques sur la région (page 99), puis essayez d'imaginer ce
qu'ils faisaient. En employant l'imparfait des verbes donnés, écrivez plusieurs
possibilités.

➡ (faire) *Ils faisaient des promenades.*

1. (faire) _____

_____

_____

2. (jouer) _____

_____

_____

3. (visiter) _____

_____

_____

4. (?) _____

_____

_____

FRANCE VAL DE LOIRE
TOURAINE
Jardin de la France

Amboise

37400 INDRE-ET-LOIRE

Séjour préféré des rois de France

ACTIVITÉS

Pêche en rivière

Nautisme
Canoë-kayak
Centre Charles-Péguy
Île d'Or

Tennis
Île d'Or
Centre Charles-Péguy

Promenades aériennes
-Aérodrome de Dierre, tél. 02-47-57-93-91.
-Montgolfières - Promenades au-dessus des châteaux
 (Amboise, Chenonceaux)

Campings
CAMPING DE L'ÎLE D'OR ** - Tél. 02-47-57-23-37 - Bord de
Loire (1.200 campeurs)

Ne manquez pas de visiter

L'HÔTEL DE VILLE (XVIe): Abrite des documents et œuvres d'art
relatifs à l'histoire de la ville d'Amboise.

CHAPELLE SAINT-JEAN: Édifice de la fin du XIIe siècle. Belle
architecture intérieure du style angevin Plantagenêt.

ÉGLISE SAINT-FLORENTIN: Édifice du XVe siècle entièrement
remanié à l'intérieur.

ÉGLISE DU BOUT-DE-PONTS: Édifice du XVIe siècle.

CHÂTEAU: Moyen Âge. Renaissance. Nombreux événements et
souvenirs historiques. Tél. 02-47-57-00-96.

CLOS-LUCE: Manoir du XVe. Lieu où vécut et mourut Léonard de
Vinci. Monument privé. Tél. 02-47-57-62-88.

C. Ah, je comprends... Gilles parle à Bruno de ses relations avec son amie et avec sa famille. Bruno répond en répétant ce que Gilles lui dit. Lisez ce que Gilles dit, puis écrivez la réponse de Bruno en choisissant parmi les verbes suivants.

se parler	ne pas s'ennuyer	se retrouver
se téléphoner	(ne pas) s'entendre (bien/mal)	se voir
s'amuser	se disputer	se comprendre

➡ —Julie et moi, nous avons de bonnes relations.
   —*Alors, vous vous entendez bien!*

1. —Je téléphone tous lès jours à mon amie.

   —_____

2. —Elle me comprend, et je pense que je la comprends aussi.

   —_____

3. —Nous avons rendez-vous au café ce soir.

   —_____

4. —Je vois ma famille le week-end.

   —_____

5. —De temps en temps nous avons des disputes.

   —_____

6. —Mais la vie en famille n'est jamais ennuyeuse.

   —_____

D. À l'âge de neuf ans... Comment étiez-vous quand vous aviez neuf ans? Écrivez des phrases en employant l'imparfait des verbes indiqués.

1. être _____

_____

2. avoir _____

_____

3. vouloir _____

_____

4. s'amuser à _____

_____

Deuxième étape

E. L'homme de ses rêves. Caroline a rencontré l'homme de ses rêves. Lisez sa conversation avec sa copine Marianne. Complétez les phrases avec **qui** ou **que**.

—Alors, qui est cet homme de tes rêves?

—Pierre? Mais c'est l'homme (1) _____ j'ai rencontré le mois dernier chez Claude et Annette.

—Ah bon. Dis-moi, comment est-il?

—Alors, c'est un homme (2) _____ aime s'amuser, (3) _____ m'écoute et (4) _____ je comprends parfaitement.

—Il semble exceptionnel!

—Eh oui, c'est un homme (5) _____ n'est pas du tout égoïste et (6) _____ tout le monde trouve charmant.

—Et tes parents, que pensent-ils de cet homme (7) _____ tu aimes tant (*so much*)?

—Voilà le problème. Il n'y a que mes parents (8) _____ ne l'aiment pas!

F. Et vous? Décrivez l'homme/la femme idéal(e) pour vous.

Pour moi, l'homme/la femme idéal(e) c'est quelqu'un qui _____

_____

En plus, c'est quelqu'un que _____

_____

G. Un copain fauché (*broke*). Votre camarade de chambre, Théo, n'a jamais d'argent et il vous demande constamment des «petits services». Répondez à ses questions en employant les pronoms **me, te, vous** et **nous.** Êtes-vous généreux, très généreux ou *trop* généreux?

➡ Tu m'aides à trouver un cadeau pour Carole?
Mais oui, je t'aide à trouver un cadeau!

1. Je peux te demander un petit service?

_____

2. Tu me prêtes 20€?

_____

3. Tes parents vont nous payer notre loyer (*rent*) ce mois-ci?

_____

4. Ils vont nous acheter à manger?

_____

5. Tu me prêtes tes disques compacts?

_____

6. Tu nous invites au restaurant ce soir, Carole et moi?

_____

H. Des plaintes (*complaints*). Les étudiants se plaignent, les parents se plaignent, tout le monde se plaint de temps en temps. Regardez les tableaux suivants et écrivez les plaintes des étudiants et du père. Ensuite, jouez le rôle des professeurs et du fils qui se défendent. Répondez en employant le pronom d'objet direct ou d'objet indirect (**me, te, nous, vous**) qui convient.

Plaintes des étudiants au sujet de leurs professeurs	Défense des professeurs
➡ parler toujours en français	apprendre à parler français
1. poser trop de questions	aider toujours à répondre
2. donner trop de devoirs	donner de bonnes notes
3. ?	?

➡ —*Vous nous parlez toujours en français.*
—*Oui, mais nous vous apprenons à parler français!*

1. _____

_____

2. _____

_____

3. _____

_____

Plaintes du père concernant son fils	Défense du fils
➡ ne jamais téléphoner	apprécier beaucoup
4. ne pas écrire	dire toujours la vérité
5. ne jamais rendre visite	aimer beaucoup
6. ?	?

➡ —*Tu ne me téléphones jamais.*

—*C'est vrai, mais je t'apprécie beaucoup!*

4. _____

_____

5. _____

_____

6. _____

_____

▪ Troisième étape

I. Logique. Complétez les phrases ci-dessous d'une manière logique en employant le verbe **devoir** *et* les expressions verbales suivantes.

travailler dur   passer un examen   s'accepter   faire les devoirs

rire ensemble   passer des heures au laboratoire   ?

➡ Pour être vraiment satisfait, tu *dois apprécier ce que tu as.*

1. Pour être vraiment content, on _____

2. Pour arriver à mes objectifs, je _____

3. Pour bien nous entendre, ma famille et moi, nous _____

4. Pour avoir de bonnes notes, les étudiants _____

5. Pour entrer à la fac, tes camarades et toi, vous _____ ?

6. Pour apprendre une langue étrangère, tu _____ ?

J. Obligations. Expliquez les obligations des personnes indiquées en écrivant une phrase pour chaque situation.

1. Ce que ces personnes *ont dû* faire la semaine dernière...

Mes parents _____

Mon professeur _____

2. Ce que ces personnes *devaient* faire la semaine dernière (mais ne l'ont pas fait)...

Moi, je _____

Mes frères (sœurs) _____

3. Ce que ces personnes *doivent* faire cette semaine.

Mes copains et moi, nous _____

Mon (Ma) camarade de chambre _____

K. Des problèmes. Caroline est très compréhensive (*understanding*) et elle donne souvent de bons conseils à ses sœurs, Aimée et Marianne. Lisez leurs plaintes, et jouez le rôle de Caroline en faisant des suggestions. Employez des expressions comme **avoir besoin, devoir, il faut,** etc.

1. Aimée:
Mes relations avec mon ami Étienne ne sont pas bonnes.

_____

_____

Je ne suis pas bonne en français et je me sens découragée.

_____

_____

Je veux voyager au Canada cet été, mais je n'ai pas assez d'argent.

_____

_____

2. Marianne:
Maman et papa ne me comprennent pas.

_____

_____

Je n'ai pas assez de temps pour faire tous mes devoirs.

_____

_____

Je m'ennuie.

_____

_____

Intégration

Lecture: Sortir de sa solitude

Avant de lire

1 Quand vous pensez à un article du magazine *20 Ans* intitulé «Je ne connais personne» (*I don't know anyone*), quelles sont les images qui vous viennent à l'esprit? Cochez les suggestions appropriées.

Quand on ne connaît personne...

a. _____ on se sent populaire.

b. _____ on a des difficultés à se faire une carrière.

c. _____ on se sent seul.

d. _____ on n'a pas de partenaires pour jouer aux cartes.

e. _____ on s'apitoie (*feels sorry for oneself*).

2 Pour connaître des gens et remédier à sa solitude, que peut-on faire? Donnez cinq suggestions.

1. _____

2. _____

3. _____

4. _____

5. _____

En général

3 Parcourez le texte une première fois. Parmi les possibilités que vous avez notées dans **Avant de lire**, activité 2, quelles suggestions avez-vous trouvées?

_____

4 Parcourez le texte une deuxième fois et choisissez la meilleure façon de terminer la phrase.

On a recommandé aux gens qui ne connaissent personne...

a. _____ d'apprendre à jouer aux cartes, de ne pas être polis et de s'engager dans l'armée.

b. _____ de devenir plus indépendants et égoïstes, de bien s'habiller et d'aller en colonies de vacances.

c. _____ de sortir souvent, d'apprendre à jouer aux cartes et d'aller où il y a beaucoup de monde.

d. _____ de sentir bon, de participer aux manifestations dans la rue et d'acheter une belle maison.

Je ne connais personne!

Les gens se disent toujours: «Comment vaincre° ma solitude, me faire des relations et réussir brillamment dans la vie, puisque° je ne connais personne?» Rien n'est plus facile que de faire connaissance, surtout avec des gens qu'on ne connaît pas.   *to conquer / since*

POURQUOI CONNAÎTRE DES GENS?

Il y a très exactement trois raisons majeures de vouloir connaître des gens:

1. On se sent seul. On va de sa table de cuisine à sa table de salon. On se réveille le matin en ne se disant pas même bonjour. On ne s'appelle jamais au téléphone.

2. On veut faire carrière dans un métier° où il vaut mieux connaître des gens. Et on ne connaît personne.   *job*

3. On voudrait faire une partie de cartes parce que le Game Boy n'a plus de piles°.   *batteries*

COMMENT CONNAÎTRE DES GENS?

Leçon N° 1: Ne pas s'apitoyer.   Non. Car rien ne sert de s'apitoyer, il faut partir à temps.[1] Et en forme, frais et dispo°. Car ce n'est pas en pleurant sur son sort° qu'on va l'améliorer°.   *alert / fate / improve*

_____

1. **Rien ne sert de...** Expression that parallels a famous French proverb: «**Rien ne sert de courir, il faut partir à temps.**» (*It is useless to run, you have to leave on time.*)

Leçon N° 2: Être gentil(le), faire des efforts. Car il faudra finir par vous l'avouer°: si vous ne connaissez personne, alors que les autres en connaissent, c'est qu'il doit bien y avoir des raisons. Peut-être égoïste, ou trop indépendant(e), ou pas assez poli(e). Il faut donc y remédier.   *acknowledge*

Leçon N° 3: Mettre toutes les chances de son côté. Et déjà, apprendre à jouer aux cartes. Ne serait-ce que pour se faire remarquer°. Car il est clair que les gens qu'on ne remarque pas, on ne les remarque pas. Donc, s'habiller° joliment, sentir° bon, et être de très bonne humeur°.   *se... get noticed* / *dress* / *smell* / *bonne... good mood*

Leçon N° 4: Sortir de chez soi. C'est évident, mais tout le monde ne semble pas en être conscient. Il y a par exemple des gens qui vous disent «Ah mais c'est incroyable, je ne rencontre jamais personne!» et qui ne sont pas sortis de chez eux depuis juin 1994.

Leçon N° 5: Se regrouper à plusieurs°.   *several*
1. *Les clubs de sport*, réputés pour la solidité de leurs membres. Relationnellement parlant surtout.
2. *Les boîtes de nuit.* En choisir une, arriver à y entrer, et y aller tous les soirs. Au bout de quelques semaines, si vous avez évité la dépression nerveuse, on ne vous désemplira° plus.   *on ne vous laissera plus seul(e)*
3. *Les partis politiques.* Parce que beaucoup de leurs adhérents sont désœuvrés° les liens entre eux n'en sont que renforcés°.   *idle* / *plus forts*
4. *Les amicales°.* Amis du beaujolais, de l'andouillette°...   *groupes qui ont un intérêt commun* / *sausage*
5. *Les communautés spirituelles minoritaires.* Si la franc-maçonnerie, ou la Témoignerie de Jéhovah, ou la Scientologie, ou l'Adventisme du 7ᵉ jour vous attirent.
6. *Les colonies de vacances.*
7. *Les transports en commun.*
8. *Les croisières aux Bahamas.*
9. *L'armée.*
10. *Les manifestations dans la rue.*

Source: 20 ans, N° 23

En détail

5 Les mots. Devinez le sens des mots en caractères gras d'après le contexte ou en utilisant ce que vous savez des verbes pronominaux. Trouvez l'équivalent anglais dans la liste de droite.

1. _____ Les gens **se disent** toujours...
2. _____ Il y a ... trois raisons **majeures** de vouloir connaître des gens...
3. _____ On **se réveille** le matin...
4. _____ On ne **s'appelle** jamais au téléphone.
5. _____ **s'habiller** joliment
6. _____ **se regrouper** à plusieurs

a. say to themselves
b. to form a group
c. important
d. calls oneself
e. to dress oneself
f. wakes up

6 Le texte.   Répondez aux questions suivantes, selon le texte.

1. Pourquoi le Game Boy n'est-il pas bon pour connaître des gens?

_____

2. À quels traits de personnalité faut-il remédier?

_____

3. Quelles sont les deux raisons données pour apprendre à jouer aux cartes?

_____

4. Dans les groupes suivants, qu'est-ce qui aide les gens à se rencontrer?

a. les clubs de sport _____

b. les boîtes de nuit _____

c. les partis politiques _____

d. les amicales _____

e. les communautés spirituelles minoritaires _____

Et vous?

A. Répondez aux questions suivantes.

1. Quand est-ce que vous vous sentez seul(e)? _____

_____

2. Quelle carrière voulez-vous exercer? Est-ce qu'il faut connaître des gens

pour cette carrière? Qui? Pourquoi? _____

_____

_____

3. Qu'est-ce que vous faites pour rencontrer des gens? _____

_____

B. Imaginez que vous êtes journaliste et que vous répondez chaque mois aux lettres de vos lecteurs. Ce mois-ci vous allez répondre à une lettre de Paul, qui dit qu'il ne connaît personne. Écrivez vos suggestions à Paul.*

Cher Paul,

_____

_____

_____

_____

_____

_____

_____

_____

*Remember that journalists express themselves directly and in very few words due to the cost of space in publications. When writing as a journalist (even in a letter format), be sure to use a succinct style.

9

Les souvenirs

■ Première étape

A. À l'étranger.   Hélène, une jeune Française, décrit sa première journée dans une université américaine où elle est venue passer un an. Complétez sa description avec le passé composé ou l'imparfait des verbes entre parenthèses.

Je me souviens bien de mon premier jour à la fac. J(e) (1. avoir) _____ un peu peur parce que j(e) (2. être) _____ loin de ma famille et je n(e) (3. avoir) _____ pas d'amis. Le campus (4. être) _____ très joli, mais très grand aussi, comme une petite ville. Et il y (5. avoir) _____ beaucoup d'étudiants—20 000 personnes! Pour m'inscrire aux cours, j(e) (6. aller) _____ au gymnase où j(e) (7. attendre) _____ pendant deux heures avec beaucoup d'autres étudiants. Pendant ce temps j(e) (8. faire) _____ la connaissance d'une jeune Américaine, Janine. Elle (9. être) _____ très gentille, et je lui (10. poser) _____ des questions au sujet du «système» américain. Elle m(e) (11. apprendre) _____ beaucoup de choses, et elle m(e) (12. inviter) _____ à sortir avec elle en disant, «*I'll call you*». Je l(a) (13. remercier) _____ parce que j(e) (14. être) _____ très contente d'avoir une nouvelle copine!

Après ça, j(e) (15. aller) _____ à la librairie universitaire où j(e) (16. acheter) _____ mes manuels de classe. J(e) (17. avoir) _____ besoin de neuf manuels différents, et j(e) (18. trouver) _____ que les prix (19. être) _____ exorbitants. Après, j(e) (20. avoir) _____ faim alors j(e) (21. déjeuner) _____ au restaurant universitaire. La plupart des étudiants (22. rire) _____ et (23. bavarder) _____ avec leurs copains en mangeant des hamburgers, et moi, j(e) (24. être) _____ toute seule! Puis j(e) (25. faire) _____ une petite promenade parce qu'il (26. faire) _____ si beau—mais toujours toute seule. À la fin de la journée j(e) (27. commencer) _____ à me sentir un peu triste et solitaire. Beaucoup d'étudiants que je ne connaissais (*know*) pas m(e) (28. dire) _____ «*hello*» en passant. Ça me (29. sembler) _____ un peu superficiel parce que personne ne m(e) (30. vraiment parler) _____ . Ma camarade de chambre n(e) (31. être) _____ pas encore là et j(e) (32. vouloir) _____ vraiment parler à ma famille.

Pour ce qui est de Janine—je ne l(a) (33. revoir jamais) _____ (*never saw her again*). Plus tard, j(e) (34. apprendre) _____ que «*I'll call you*» n'est pas vraiment une invitation. Il faut s'habituer aux coutumes différentes quand on habite à l'étranger, n'est-ce pas?

B. Le 24 décembre. Qu'est-ce que la famille Robert a fait le 24 décembre? Écrivez une phrase au passé composé pour dire ce que chaque personne a fait et une autre à l'imparfait pour décrire quelles étaient les circonstances.

➡ Mariette (s'amuser; être heureuse)
Mariette s'est amusée. Elle était heureuse.

1. Papa (dormir; être fatigué)

_____

2. Mariette (jouer avec son ours en peluche; attendre Noël avec impatience)

_____

3. Éric (écouter ses disques compacts; vouloir voir sa petite amie)

_____

4. Maman (écrire des cartes de Noël; avoir besoin de se reposer)

_____

5. La grand-mère (préparer le déjeuner; être contente)

_____

C. Des excuses.   Pourquoi est-ce que les étudiants n'ont pas bien réussi à leur examen de français? Tout le monde a des excuses différentes. Complétez les phrases en employant le passé composé ou l'imparfait des verbes indiqués.

—Je (1. ne pas bien étudier) _____ parce que j(e) (2. avoir)

_____ beaucoup de devoirs pour mes autres cours.

—Claude et moi, nous (3. ne pas comprendre) _____ la

différence entre le passé composé et l'imparfait.

—Anne (4. devoir) _____ travailler tard au magasin et après, elle

(5. être) _____ trop fatiguée pour faire ses devoirs.

—On m'a donné un billet pour aller au concert, et après je (6. ne pas avoir

envie) _____ de travailler non plus.

—Angeline (7. être) _____ malade; elle (8. avoir besoin)

_____ de se reposer.

—Éric et Marc (9. choisir) _____ d'aller au cinéma au lieu

de travailler.

—Vos camarades de classe et vous, est-ce que vous (10. travailler)

_____ sérieusement, ou est-ce que vous (11. sortir)

_____ au lieu de faire vos devoirs?

Deuxième étape

D. Classifions.   Classifiez les expressions suivantes selon les usages indiqués.

une peluche	un passeport	un jeu vidéo	un ballon
Merci mille fois	Bonnes vacances	un jouet	C'est très aimable
Bon voyage	Bon anniversaire	Bonne année	le Jour d'action de grâces
le Ramadan	une valise	Noël	Vous êtes trop gentil
Hanoukka	une poupée		

1. Pour parler des jours de fête: *le Ramadan...* _____

2. Pour souhaiter: _____

3. Pour parler des cadeaux: _____

4. Pour remercier: _____

5. Pour parler des voyages: _____

E. Que dire? Écrivez une expression appropriée pour souhaiter, féliciter ou remercier les personnes indiquées dans les situations suivantes.

1. C'est le premier janvier et vous rencontrez une camarade de classe. _____
_____

2. C'est l'anniversaire de votre camarade de chambre. _____

3. Votre copain part pour la France. _____

4. Votre professeur vous félicite pour votre bon travail. _____
_____

5. Votre petite sœur a eu la meilleure note de sa classe. _____
_____

6. Vos grands-parents vous font un joli cadeau. _____
_____

7. Votre frère vous remercie pour le CD que vous lui prêtez. _____
_____

8. Votre copine va passer un examen important dans dix minutes. _____
_____

F. Comparons! Indiquez vos préférences pour les catégories indiquées en écrivant une phrase au superlatif et une phrase au comparatif. (N'oubliez pas l'accord et le placement des adjectifs!)

➡ les actrices / + charmant?
   Juliette Binoche est l'actrice la plus charmante.
   Elle est plus charmante que Meg Ryan.

1. les sports / – intéressant? _____
_____

2. la musique / + bon? _____
_____

3. les fêtes / + amusant? _____
_____

4. le cours / – difficile? _____

_____

Maintenant employez le superlatif pour comparer les suivants.

➡ parler français / + vite (Toi ou ton professeur?)
Mon professeur parle français le plus vite.

5. courir / + vite (Toi ou ton frère/ta sœur?)

_____

6. chanter / + bien (Toi ou ton/ta camarade de chambre?)

_____

7. travailler / – sérieusement (Toi ou tes camarades de classe?)

_____

8. faire du sport / – souvent (Toi ou ton copain/ta copine?)

_____

▋ Troisième étape

G. Connaître. Formez des phrases en employant les éléments suivants pour indiquer qui connaît bien certaines régions francophones.

1. Édith / connaître bien / Polynésie française. Elle / ne pas savoir / tahitien.

_____

_____

2. Lionel et Mathieu / connaître / Québec. Ils / savoir / où / être / château Frontenac.

_____

_____

3. Ma famille et moi, nous / connaître bien / Louisiane. Nous / savoir / préparer / plats cajuns.

_____

_____

4. Je / ne pas connaître du tout / Côte d'Ivoire. Je / ne pas savoir / nom / capitale.

_____

_____

5. Vous / ne pas connaître / Paris. Vous / ne pas savoir / pourquoi / on / l'adorer?

_____

_____

6. Mais tu / reconnaître / photos de Paris. Et tu / savoir / français.

_____

_____

H. _Connaître_ ou _savoir_?   Simone et André discutent le voyage d'un copain, Édouard. Complétez le dialogue avec la forme convenable du verbe **connaître** ou du verbe **savoir.**

—Tu (1) _____ Édouard?

—Oui.

—Tu (2) _____ qu'il part pour le Maroc?

—Oui, mais je ne (3) _____ pas pourquoi. Je (4) _____ qu'il va y passer deux mois.

—C'est vrai. Et il ne (5) _____ pas parler arabe!

—Mais il peut l'apprendre. Et tu ne (6) _____ pas qu'on parle français aussi au Maroc? D'ailleurs, Édouard (7) _____ des gens qui habitent à Rabat, et eux, ils (8) _____ les coutumes marocaines.

—Moi, je ne (9) _____ pas du tout le Maroc. Je ne (10) _____ même pas exactement où ce pays se trouve.

—Tu ne (11) _____ pas que c'est un pays nord-africain et que le Maroc est une ancienne (_former_) colonie française?

—Euh... maintenant je le (12) _____.

—Tu ne (13) _____ pas l'écrivain Tahar Ben Jelloun?

—Ah oui, je (14) _____ son roman *Les Yeux baissés*. Et maintenant

je (15) _____ qu'il est marocain!

I. Un homme difficile.   Michel est un homme difficile. Il a passé ses vacances en Italie, mais il n'est pas content. Rien ne lui plaît. Jamais! Imaginez et écrivez ses réponses aux questions suivantes en employant **ne... rien** et **ne... personne.**

➡ À qui est-ce que tu as rendu visite?

Je n'ai rendu visite à personne.

1. Qu'est-ce que tu as mangé d'intéressant? _____

_____

2. Avec qui est-ce que tu es sorti? _____

_____

3. Alors, tu as rencontré des gens intéressants? _____

_____

4. Alors à qui est-ce que tu as parlé? _____

_____

5. Tu t'intéressais à quoi? _____

_____

6. Tu as écrit des cartes postales, n'est-ce pas? À qui? _____

_____

7. Qu'est-ce que tu as appris en voyageant? _____

_____

Intégration

Lecture: *L'Enfant noir* (extrait)

Avant de lire

1 Vous allez lire un extrait du livre *L'Enfant noir,* écrit par Camara Laye, un auteur qui est né à Kouroussa en Guinée et qui a fait des études à Conakry (aussi en Guinée) et à Paris. Pouvez-vous deviner quelle sorte de livre il a écrit?

    a. _____ un livre sur l'histoire de l'Afrique

    b. _____ une histoire autobiographique

    c. _____ un guide pour les parents

2 Maintenant, regardez la première phrase du passage. Quelle réponse est la bonne? Comment le savez-vous?

_____

_____

_____

En général

3 Parcourez le texte une première fois et cochez les sujets que vous y trouvez.

    a. _____ une description de la chambre de l'auteur à Conakry

    b. _____ un dialogue entre l'auteur et sa mère

    c. _____ la réaction de l'auteur après sa première nuit à Conakry

    d. _____ une description de sa nouvelle école

    e. _____ un discours sur l'importance de bien manger

    f. _____ une description de Conakry

    g. _____ la réaction de l'auteur quand il voit la mer de près pour la première fois

Extrait de L'Enfant noir

Cette nuit fut la première que je passai dans une maison européenne. Était-ce le manque d'habitude, était-ce la chaleur humide de la ville ou la fatigue de deux journées de train, je dormis mal. C'était pourtant une maison très confortable que celle de mon oncle, et la chambre où je dormis était très suffisamment vaste, le lit assurément moelleux[1], plus moelleux qu'aucun de ceux sur lesquels je m'étais jusque-là étendu; au surplus j'avais été très amicalement accueilli, accueilli comme un fils pourrait l'être; il n'empêche: je regrettais Kouroussa, je regrettais ma case[2]! Ma pensée demeurait toute tournée vers Kouroussa: je revoyais ma mère, mon père, je revoyais mes frères et mes sœurs, je revoyais mes amis. J'étais à Conakry et je n'étais pas tout à fait à Conakry: j'étais toujours à Kouroussa; et je n'étais plus à Kouroussa! J'étais ici et j'étais là; j'étais déchiré. Et je me sentais très seul, en dépit de l'accueil affectueux que j'avais reçu.

—Alors, me dit mon oncle, quand je me présentai le lendemain devant lui, as-tu bien dormi?

—Oui, dis-je.

—Non, dit-il; peut-être n'as-tu pas très bien dormi. Le changement aura été un peu brusque. Mais tout cela n'est qu'affaire d'habitude. Tu reposeras déjà beaucoup mieux, la nuit prochaine. Tu ne crois pas?

—Je le crois.

—Bon. Et aujourd'hui, que comptes-tu faire?

—Je ne sais pas. Ne dois-je pas rendre visite à l'école?

—Nous ferons cette visite demain et nous la ferons ensemble. Aujourd'hui, tu vas visiter la ville. Profite de ton dernier jour de vacances! Es-tu d'accord?

—Oui, mon oncle.

Je visitai la ville. Elle différait fort de Kouroussa. Les avenues se coupaient à angle droit. Des manguiers les bordaient et leur ombre épaisse était partout la bienvenue, car la chaleur était accablante[3], non qu'elle fût beaucoup plus forte qu'à Kouroussa —peut-être même était-elle moins forte—mais saturée de vapeur d'eau à un point inimaginable. Les maisons s'entouraient toutes de fleurs et de feuillage; beaucoup étaient comme perdues dans la verdure[4], noyées dans un jaillissement effréné de verdure. Et puis je vis la mer!

Je la vis brusquement au bout d'une avenue et je demeurai un long moment à regarder son étendue, à regarder les vagues[5] se suivre et se poursuivre, et finalement se briser contre les roches rouges du rivage. Au loin, des îles apparaissaient, très vertes en dépit de la buée[6] qui les environnait. Il me sembla que c'était le spectacle le plus étonnant qu'on pût voir; du train et de nuit, je n'avais fait que l'entrevoir; je ne m'étais pas fait une notion juste de l'immensité de la mer et moins encore de son mouvement, de la sorte de fascination qui naît de son infatigable mouvement; à présent j'avais le spectacle sous les yeux et je m'en arrachai difficilement.

—Eh bien, comment as-tu trouvé la ville? me dit mon oncle à mon retour.

—Superbe! dis-je.

Source: Extrait de Camara Laye, «L'Enfant noir». © Librairie Plon.

_____

1. confortable   2. maison   3. suffocante   4. végétation luxuriante   5. *waves*   6. *mist*

En détail

4 **Les mots.** En utilisant le contexte et la logique, devinez le sens des mots en caractères gras. Écrivez leur équivalent en anglais.

1. ... au surplus j'avais été très **amicalement** accueilli, accueilli comme

   un fils... _____

2. Et je me sentais très seul, **en dépit de** l'accueil affectueux que j'avais reçu.

   _____

3. Le changement aura été un peu **brusque**. _____

4. Les avenues se coupaient **à angle droit**. _____

5. Les maisons s'entouraient toutes de fleurs et de **feuillage**; beaucoup

   étaient comme perdues dans la verdure... _____

5 **Le texte.** Vrai ou faux? Écrivez **V** si la phrase est vraie ou **F** si la phrase est fausse. Corrigez les phrases fausses.

1. _____ L'auteur ne dort pas bien parce que son lit n'est pas assez moelleux.

   _____

2. _____ Son oncle devine qu'il a mal dormi.

   _____

3. _____ Son oncle suggère qu'ils visitent l'école après la fin des vacances.

   _____

4. _____ Kouroussa est une grande ville près de la mer.

   _____

5. _____ L'auteur passe son dernier jour de vacances dans un train.

   _____

6. _____ La chaleur est plus intense à Conakry à cause de l'humidité.

   _____

7. _____ Lorsque l'auteur regarde la mer, il pense aux spectacles de nuit dans la ville.

_____

8. _____ Après sa journée à Conakry, l'auteur va beaucoup mieux.

_____

Et vous?

Avez-vous déjà voyagé? Est-ce que vous vous souvenez de votre première nuit dans une nouvelle ville? Étiez-vous avec votre famille? Est-ce que la ville différait de chez vous? Quelles ont été vos premières impressions de la nouvelle ville? Écrivez un paragraphe qui décrit votre première nuit dans une nouvelle ville.

1. D'abord, choisissez un de vos souvenirs et identifiez-le en quelques mots.

_____

2. Donnez un titre à votre paragraphe. _____

_____

3. Faites une liste de verbes qui disent ce qui s'est passé et quelles étaient les circonstances (sentiments, temps, etc.).

Qu'est-ce qui s'est passé? *Quelles étaient les circonstances?*

_____   _____

_____   _____

_____   _____

4. Maintenant, écrivez votre paragraphe.

_____ (titre)

_____

_____

_____

_____

_____

_____

10

La vie de tous les jours

Première étape

A. Au Tchad. Décrivez une journée typique du petit frère de Larmé. Choisissez parmi les verbes suivants. Employez chaque verbe une seule fois.

se coucher	se dépêcher	se fâcher
s'intéresser	se laver	se lever
se réveiller	s'habiller	se reposer

1. Zoua n'aime pas dormir tard. Il _____ de bonne heure.

2. D'habitude, il _____ tout de suite.

3. Ensuite il _____ et quand il fait chaud il

   _____ en short (*shorts*).

4. Il (ne pas) _____ pour aller aux champs parce qu'il

   (ne pas) _____ beaucoup au travail.

5. Papa _____ quand il arrive en retard aux champs.

6. Après le travail des champs, il _____ avec les hommes.

7. Le soir, il _____ quand il fait trop noir pour y voir.

B. Samedi, une journée typique? Hier, samedi, les personnes suivantes en ont eu marre (*got fed up*) de la routine quotidienne. Indiquez si elles ont fait ou n'ont pas fait les choses indiquées. Attention à l'accord des participes!

➡ Sophie / se réveiller à six heures du matin

Sophie ne s'est pas réveillée à six heures du matin.

1. Patrick et Patricia / s'habiller en short

_____

2. Mon (Ma) camarade de chambre et moi, nous / nous lever de bonne heure

_____

3. Mon professeur / se dépêcher

_____

4. Vous / vous laver les cheveux

_____

5. Tu / te brosser les dents

_____

6. Je / m'intéresser à mes études

_____

7. Les enfants / se coucher de bonne heure

_____

8. Tout le monde / se reposer

_____

◼ Deuxième étape

C. Vêtements.   Monsieur et Madame Dujardin vont faire des achats pour leurs enfants. Lisez les descriptions données, puis suggérez au moins cinq vêtements dont chaque enfant aura besoin (*will need*).

1. Julien a 19 ans. Il vient d'avoir (*just passed*) son bac. L'année prochaine il va faire un stage aux États-Unis. Il va étudier l'anglais dans une université dans l'Oregon.

Je suggère: _____

_____

2. Denise a 24 ans. Elle vient de trouver un poste dans une maison d'édition (*publishing house*) à Montréal.

Je suggère: _____

_____

3. Charles a 10 ans. Il va bientôt aller en colonie de vacances où il espère faire du sport: du foot, du basket, du tennis. La colonie est près d'un lac, alors il va pouvoir nager aussi.

Je suggère: _____

_____

D. Le temps et les vêtements.   Complétez les phrases suivantes avec la bonne forme du verbe **mettre** et des vêtements appropriés selon la météo ou la saison.

1. Il va pleuvoir aujourd'hui, alors Claude _____

_____

2. Quand il fait moins de 0 degrés, les étudiants _____

_____

3. Au printemps, tu _____

_____

4. En été je _____

_____

5. S'il fait très, très chaud, mes copains et moi, nous _____

_____

6. Et vous? Est-ce que vous _____

_____ en automne?

E. Qu'est-ce que je mets?   Votre camarade de chambre est un étudiant d'échange du Togo. Il vous demande toujours conseil au sujet de ses vêtements parce qu'il ne connaît pas très bien les coutumes américaines. Répondez à ses questions en employant l'impératif du verbe **mettre** à l'affirmatif ou au négatif selon le cas. Si vous employez le négatif, suggérez un autre vêtement.

➡ Pour me promener dans le parc, je mets mon costume?
   Non, ne le mets pas! Mets ton jean!

1. Pour aller en cours, je mets ma cravate?

_____

2. Pour aller au centre commercial, je mets mes chaussures habillées?

_____

3. Pour aller au gymnase, je mets mon jogging?

_____

4. Pour sortir avec des copains, je mets mes tennis?

_____

5. Pour jouer au basket, je mets mon polo?

_____

6. Pour aller à un mariage, je mets ma veste?

_____

Troisième étape

F. Vocabulaire: les parties du corps.   Testez votre mémoire. Écrivez les noms des parties du corps indiquées sur le dessin à la page 127, puis corrigez vos réponses. Ensuite comptez vos points—un point pour chaque réponse correcte. Quelle note avez-vous?

18–20 points: excellent
15–17 points: très bien
13–14 points: satisfaisant
10–12 points: insuffisant

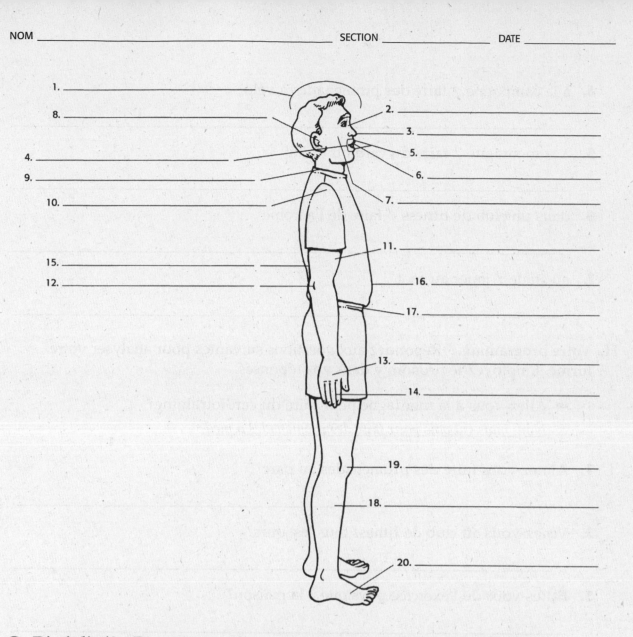

1. _____

8. _____

4. _____

9. _____

10. _____

15. _____

12. _____

2. _____

3. _____

5. _____

6. _____

7. _____

11. _____

16. _____

17. _____

13. _____

14. _____

19. _____

18. _____

20. _____

G. Discipliné?   Dites si vous allez aux endroits mentionnés pour faire ces activités **tous les jours, assez souvent, de temps en temps, rarement** ou **jamais**. Employez le pronom **y** dans vos réponses.

➡ dans un club de fitness / faire du step

J'y fais du step assez souvent. / Je n'y vais jamais. Je ne fais pas de step.

1. au parc / marcher

_____

2. au gymnase / faire de la musculation

_____

3. à la piscine / nager

_____

4. à la campagne / faire des promenades à vélo

_____

5. à la montagne / faire du cardiotraining

_____

6. dans un club de fitness / faire de l'aérobic

_____

7. au stade / jouer au foot

_____

H. Votre programme. Répondez aux questions suivantes pour analyser votre forme. Employez le pronom **y** dans vos réponses.

➡ Allez-vous à la montagne pour faire du cardiotraining?
   Non, mais j'y vais pour faire des promenades à pied.

1. Aimez-vous faire des promenades au parc?

_____

2. Venez-vous au club de fitness tous les jours?

_____

3. Faites-vous de l'exercice physique à la maison?

_____

4. Faites-vous des pompes au gymnase?

_____

5. Allez-vous dans un magasin spécial pour acheter des produits bio?

_____

I. Y? Lui? Le? Complétez les dialogues en employant le pronom **y, lui, le** ou **l'**.

1. —Nathalie, tu as téléphoné à David?

—Oui, j(e) _____ ai téléphoné il y a 10 minutes.

—Il vient au gymnase?

—Oui, oui, il _____ va avec nous.

2. —Où est le chien?

—Je n(e) _____ ai pas vu depuis quelques minutes. Il n'est pas au salon?

—Il _____ était, mais je n(e) _____ vois plus.

—Zut! J'allais _____ donner son dîner avant d(e) _____ promener au parc.

3. —Nathalie va dans un club de fitness?

—Non, elle n'a plus le temps d(e) _____ aller.

—Autrefois elle faisait du step, mais maintenant elle n(e) _____ aime plus.

Intégration

Lecture: Le rôle social de l'habillement

Avant de lire

1 D'abord, regardez le titre du passage qui suit. Pouvez-vous deviner quels sujets y seront traités? Cochez les réponses appropriées.

a. _____ la Sécurité sociale en France

b. _____ la mode et l'individu

c. _____ la création des vêtements de haute couture

d. _____ les techniques de vente

e. _____ l'importance des vêtements pour les enfants

f. _____ l'exportation des vêtements français

g. _____ le choix vestimentaire des Français

h. _____ une comparaison entre les vêtements des filles et des garçons

2 Maintenant, regardez le début de la première phrase de chaque paragraphe. Quelles sont les bonnes réponses? _____

3 Parcourez le texte et puis choisissez la description qui convient le mieux à chaque paragraphe de l'article.

1. «La montée de l'individualisme... »
2. «Le résultat... »
3. «En se faisant moins... »
4. «L'importance de la mode... »
5. «Les modes vestimentaires... »
6. «Après quelques années... »

a. les Français et leurs dépenses en vêtements
b. les vêtements et l'identité des jeunes
c. la mode perd de son influence
d. les sources d'influence de la mode
e. la distinction entre mode masculine et mode féminine
f. la liberté à travers l'habillement

Le rôle social de l'habillement

La montée de l'individualisme a réduit l'influence de la mode, tandis que la crise économique et morale a modifié les comportements. Le vêtement a perdu progressivement son statut de signe extérieur de richesse; il est devenu davantage un moyen de chercher et d'affirmer sa propre identité. L'élégance est aujourd'hui moins ostentatoire, la personnalisation moins artificielle. Le confort, la discrétion, la simplicité et le naturel prennent une importance croissante.

Le résultat est que les Français renouvellent moins souvent leur garde-robe. Ils cherchent davantage à s'insérer dans leur milieu social ou professionnel qu'à jouer avec leur apparence. Les hommes ont tendance à mélanger davantage les genres (une veste habillée avec un jean, un parka sur un costume) et à privilégier les vêtements et accessoires qui permettent de changer d'apparence à moindre coût (chaussures, cravates, ceintures...). Les femmes se sentent plus obligées de suivre la mode.

En se faisant moins contraignant, moins uniforme et moins structuré, l'habillement participe à la libération de l'individu.

Les jeunes ont des comportements vestimentaires différents de ceux des adultes.

L'importance de la mode se manifeste dès l'école primaire chez l'enfant et prend une importance considérable à l'entrée au collège. Tout ce qui peut permettre une identification à travers le vêtement ou l'accessoire est recherché: inscriptions, formes, matériaux et marques. Mais le poids des grandes marques diminue chez les jeunes comme chez les adultes, avec une tendance à mélanger les vêtements coûteux avec d'autres bon marché achetés éventuellement en grande surface. Le jean continue d'être la base de la garde-robe des jeunes: 80% des 8–16 ans achètent au moins un jean par an; 20% des 14–16 les achètent sans être accompagnés de leurs parents.

Les modes vestimentaires des adolescents (12 à 18 ans) sont influencées par la musique et le sport, mais leurs goûts dans ces domaines évoluent très vite. La mode inspirée du *snowboard* est ainsi en train de changer: vêtements moins larges, tissus plus sobres. Mais elle continue de traduire un goût pour l'extrême et une volonté de rébellion.

Après quelques années de mode unisexe, la différenciation entre les filles et les garçons tend à s'accroître. Chez les filles, la robe a perdu du terrain au profit de la jupe. Les magasins de sport jouent un rôle croissant dans l'habillement de ville.

Source: From Gérard Mermet, *Francoscopie* 1997. © Larousse, 1996. Used by permission.

En détail

4 **Les mots.** En utilisant le contexte et la logique, devinez le sens des mots suivants et cochez l'équivalent en anglais.

1. La montée de l'individualisme **a réduit** l'influence de la mode...

   a. _____ has reported

   b. _____ has reduced

   c. _____ has received

2. Le résultat est que les Français renouvellent moins souvent **leur garde-robe.**

   a. _____ their guardians

   b. _____ their dresses

   c. _____ their wardrobe

3. ... les vêtements et accessoires qui permettent de changer d'apparence **à moindre coût...**

   a. _____ at the cash register

   b. _____ at the highest cost

   c. _____ at the lowest cost

4. En se faisant moins **contraignant**, moins uniforme et moins structuré...

   a. _____ contradictory

   b. _____ restrictive

   c. _____ casual

5. Après quelques années de mode unisexe, la différenciation entre les filles et les garçons tend à **s'accroître.**

   a. _____ to grow

   b. _____ to be abandoned

   c. _____ to be believed

5 **Le texte**

A. **Vrai ou faux?** Écrivez **V** si la phrase est vraie ou **F** si la phrase est fausse. Corrigez les phrases fausses.

1. _____ La mode est plus importante en France maintenant que dans le passé.

_____

2. _____ Les Français achètent moins de vêtements aujourd'hui.

_____

3. _____ Les femmes sont plus influencées que les hommes par la mode.

_____

4. _____ L'habillement ne joue pas un grand rôle dans la vie des enfants.

_____

5. _____ La mode change rapidement chez les jeunes.

_____

6. _____ 80% des jeunes achètent leurs propres vêtements.

_____

B. **Quand?** L'article compare l'habillement des Français cette année avec la mode de l'année passée. Complétez le tableau suivant en indiquant si chaque phrase s'applique à cette année, à l'année dernière ou aux deux.

	cette année	l'année dernière
1. Les adultes jouent avec leur apparence.		
2. L'élégance est plus discrète.		
3. Le jean est indispensable pour les jeunes.		
4. Les vêtements des jeunes sont très larges.		
5. Les filles portent les mêmes vêtements que les garçons.		
6. Les filles portent plus de jupes.		

Et vous?

Quel rôle est-ce que l'habillement joue dans votre vie? Faites-vous plus attention au choix de vos vêtements en certaines occasions? Pensez à une occasion où ce que vous portiez était important pour vous. Puis, en un paragraphe, décrivez l'événement, vos vêtements et vos sentiments. Voici quelques suggestions pour commencer vos phrases:

Quand j'avais (j'étais...)...

Je me souviens toujours de (du)...

_____

_____

_____

_____

_____

_____

_____

Plans et projets

Première étape

A. Devinette: les professions. Devinez le nom des professions correspondant aux descriptions qui suivent. Écrivez le nom de toutes les professions qui correspondent. Ajoutez **un** ou **une** pour indiquer le genre.

1. Une personne qui aide les malades: _____

2. Un reporter: _____

3. Un professeur: _____

4. Une personne qui travaille dans une usine (*factory*): _____

5. Une personne qui travaille pour le gouvernement: _____

6. Un chef dans un restaurant: _____

7. Une personne qui vous prête ou ne vous prête pas d'argent: _____

8. Une personne qui vous aide à préparer votre déclaration d'impôts (*taxes*):

_____

9. Une personne qui vous aide dans un magasin: _____

10. Une personne qui est directeur(trice) d'une société:

_____

B. Un job commun? Regardez les résultats du sondage suivant, puis complétez les phrases en indiquant ce que les jeunes français entre 15 et 25 ans ont l'intention de faire dans l'avenir. Employez les verbes et les expressions suivantes: **espérer, compter, avoir l'intention de, avoir envie de, vouloir.**

Quels sont les secteurs professionnels que vous préférez?

le commerce et l'artisanat	14%
les médias et la publicité	13%
la mode	10%
une activité artistique	10%
l'informatique	9%
la santé	7%
la recherche scientifique	7%
l'espace	6%
l'administration	6%
l'aide sociale	6%
l'enseignement	5%
l'armée	4%
l'industrie	4%

➡ 5% _espèrent travailler dans l'enseignement._

1. 9% _____

2. 13% _____

3. 14% _____

4. 10% _____

5. 7% _____

6. Moi, j(e) _____

C. L'avenir lointain ou l'avenir proche? Alexis aime rêver de l'avenir lointain. Sa sœur, Marina, a plutôt l'esprit pratique et pense en général à l'avenir proche. Lisez leur conversation, et complétez-la avec le futur simple des verbes entre parenthèses.

ALEXIS: Moi, quand j(e) (1. avoir) _____ trente ans, j(e)

(2. être) _____ agent de publicité et je

(3. gagner) _____ beaucoup d'argent. Je (4. travailler)

_____ avec des gens célèbres—des acteurs, des

actrices, des millionnaires... Je (5. monter) _____ vite dans

la compagnie. Je (6. devoir) _____ voyager souvent pour

vendre les produits de mes clients. J(e) (7. aller) _____

partout en Europe, en Afrique, en Amérique du Nord et du Sud.

Je (8. voir) _____ le monde. Je (9. pouvoir) _____

visiter toutes les capitales du monde. Quand j'en (10. avoir)

_____ marre de travailler, je (11. ne plus travailler)

_____ . Je (12. faire) _____ des achats

ou je (13. m'amuser) _____ avec des gens riches.

MARINA: Peut-être, mais demain il te (14. falloir) _____ chercher

un travail d'été. Tu (15. lire) _____ les petites annonces,

tu (16. demander) _____ un entretien, tu

(17. remplir) _____ un formulaire et—si tu as de

la chance—tu (18. être) _____ embauché. Tu ne

(19. gagner) _____ pas beaucoup d'argent, mais tu

(20. travailler) _____ dur. C'est ça la réalité

quand on a dix-sept ans!

Deuxième étape

D. L'avenir. Parlez de l'avenir en composant des phrases qui utilisent les éléments donnés. Mettez les verbes au futur.

➡ Quand ma copine / avoir son bac / ?
   Quand ma copine aura son bac, elle étudiera à la fac.

1. Quand mes copains / avoir trente ans / ?

_____

2. Quand ma sœur (mon frère) / finir ses études / ?

_____

3. Quand tu / aller au Québec / ?

_____

4. Dès que je / parler bien le français / ?

_____

5. Dès que ma famille et moi, nous / avoir le temps / ?

_____

6. Dès que vous / réussir à trouver un poste / ?

_____

E. Si... Marie-Christine essaie d'expliquer au professeur pourquoi elle a dépensé son argent pour des billets de loterie au lieu d'acheter son manuel de classe. Elle dit que c'est une bonne façon d'apprendre le français! Pour comprendre sa logique, enchaînez les verbes suivants selon l'exemple.

    a. acheter beaucoup de billets de loterie
    b. gagner à la loterie
    c. être riche
    d. abandonner mes études
    e. pouvoir voyager
    f. aller en France
    g. rencontrer des Français
    h. apprendre à parler français

    ➡ (a–b) _Si j'achète beaucoup de billets de loterie, je gagnerai à la loterie._

1. (b–c) _____

2. (c–d) _____

3. (d–e) _____

4. (e–f) _____

5. (f–g) _____

6. (g–h) _____

F. La réussite. D'après les personnes suivantes, qu'est-ce que la réussite? Composez des phrases pour répondre en employant un pronom tonique et en choisissant parmi les expressions indiquées.

être indépendant	le confort matériel	avoir du temps libre
pouvoir voyager	aider les autres	avoir un poste important
la tranquillité	s'amuser	être en bonne santé

➡ les étudiants

Pour eux, la réussite c'est avoir «A» en français!

1. vos parents

_____

2. votre sœur/frère

_____

3. votre camarade de chambre

_____

4. vos copains et vous

_____

5. vous

_____

G. La réussite, c'est avoir son diplôme! Vous montrez à un copain une photo de famille prise le jour où vous avez reçu votre diplôme. Il vous pose des questions sur la photo. Répondez selon les indications données en employant un pronom tonique.

➡ —C'est ton père? (oui)   —*Oui, c'est lui.*

   —C'est ta mère? (non, tante)   —*Elle? Non, ça c'est ma tante.*

1. —C'est ton oncle Georges? (oui) _____

2. —Ce sont tes grands-parents? (oui) _____

3. —C'est ta sœur Lise? (non, cousine Anne) _____

4. —C'est ton frère? (non, cousin Paul) _____

5. —Ça c'est toi avec tes parents? (oui) _____

Troisième étape

H. L'égalité?   Qualifiez les phrases suivantes en employant des adverbes formés sur les adjectifs donnés. Ensuite indiquez si c'est probablement le député libéral ou le député conservateur qui a dit chaque phrase.

➡ (sûr) On peut parler d'égalité entre les hommes et les femmes aujourd'hui.

On peut sûrement parler d'égalité entre les hommes et les femmes
aujourd'hui. (député conservateur)

1. (absolu) Les femmes sont les égales des hommes dans le monde professionnel.

_____

2. (évident) Le pouvoir économique et politique est réservé aux hommes.

_____

3. (fréquent) Ce sont les hommes qui dirigent les grandes entreprises.

_____

4. (difficile) Les femmes montent dans les entreprises.

_____

5. (général) Les femmes gagnent moins que les hommes.

_____

6. (malheureux) Il y a très peu de femmes au Parlement français.

_____

7. (vrai) Il faut beaucoup de temps pour changer les institutions et les mentalités.

_____

I. Au contraire!   Joseph et Gérard ont des opinions opposées au sujet de l'avenir. Gérard est optimiste tandis que Joseph est plutôt pessimiste. Complétez leur dialogue en ajoutant des expressions pour garder ou prendre la parole et pour interrompre. Variez les expressions autant que possible.

GÉRARD: Pour réussir, il faut avoir un diplôme universitaire.

JOSEPH: _____. Il y a beaucoup de jeunes diplômés

qui ne travaillent pas...

GÉRARD: _____, si on est qualifié et responsable...

JOSEPH: _____, mais rien n'est sûr, même si on est

qualifié. _____,moi je connais...

GÉRARD: _____, je pense qu'on peut faire fortune si

on a de l'ambition et si...

JOSEPH: ... on est au bon endroit au bon moment!

_____ Gérard, tu es naïf. Tu ne...

GÉRARD: _____, Joseph. Je ne suis pas naïf; je suis

optimiste. _____, si on travaille dur...

JOSEPH: _____ «Si on travaille dur... » D'abord, il

faut avoir un travail!

Intégration

Lecture: Les femmes dans la population active

Avant de lire

1 D'abord, regardez le titre du passage qui suit. Pouvez-vous deviner quel en est le sujet? Cochez la réponse qui convient.

a. ____ la journée d'une femme

d. ____ les femmes qui travaillent

b. ____ les femmes et les exercices d'aérobic

e. ____ les femmes mères de famille

c. ____ les femmes au foyer

2 Maintenant, regardez les sous-titres des quatre parties de ce passage. Quelle réponse est la bonne? _____

3 Ensuite, regardez l'illustration «Le partage du travail» et essayez de répondre aux questions suivantes.

1. En quelle année le taux d'activité des femmes a-t-il été le plus bas? _____

2. En quelle année le taux d'activité des hommes a-t-il été le plus bas? _____

3. Quelle est votre interprétation initiale des changements que vous observez dans l'illustration? _____

_____

En général

4 Parcourez le texte une première fois pour identifier les sections qui contiennent les idées générales suivantes:

Section		Idées générales
1. _____	**a.**	Environ 80 pour cent des femmes entre 25 et 29 ans travaillent.
2. _____	**b.**	Il y a plusieurs facteurs démographiques et économiques qui sont favorables au travail des femmes.
3. _____	**c.**	Il y a actuellement moins d'emplois qui nécessitent la force masculine.
4. _____	**d.**	Depuis 1968, beaucoup de femmes considèrent le travail rémunéré comme un droit (*right*) qui est nécessaire à leur indépendance.

Activité féminine

1. 46% des femmes de 15 ans ou plus sont actives.

L'accroissement du travail féminin est l'une des données° majeures de l'évolution sociale de ces vingt-cinq dernières années; leur nombre a augmenté de trois millions, contre moins d'un million pour les hommes. Pourtant, ce phénomène n'est pas nouveau.

de **donner**

Après avoir atteint° un maximum vers 1900, le taux d'activité des femmes avait fortement baissé jusqu'à la fin des années 60, sous l'effet de l'évolution démographique. Depuis, la proportion des femmes actives a augmenté, alors que celle des hommes diminuait.

reached

Si les femmes ont, depuis 1968, «repris le travail», c'est en partie sous l'impulsion du grand mouvement féministe des années 70, dont l'une des revendications° majeures était le droit au travail rémunéré, condition première de l'émancipation.

claims

2. Entre 25 et 49 ans, les trois quarts des femmes sont actives, contre moins de la moitié en 1968.

C'est entre 25 et 29 ans que l'activité féminine atteint son maximum: 80,5%. Les taux décroissent ensuite avec l'âge, du fait des contraintes familiales (maternités, éducation des enfants) et de la volonté d'exercer une activité rémunérée moins fréquente parmi les anciennes générations. Plus les femmes ont d'enfants, moins elles exercent une activité rémunérée. Entre 25 et 39 ans, neuf femmes sur dix n'ayant pas d'enfants à charge travaillent. Elles ne sont plus que 83% lorsqu'elles ont un enfant, 73% avec deux, 47% avec trois.

3. L'évolution de la nature des emplois a été favorable à l'insertion des femmes.

Le très fort développement des activités de service et la diminution du nombre d'emplois nécessitant la force masculine ont beaucoup favorisé l'arrivée des femmes sur le marché du travail; elles occupent ainsi plus de la moitié des emplois du secteur tertiaire°. À ces deux raisons liées au progrès économique et technique s'en sont ajoutées d'autres, moins avouables°. À travail égal, les femmes étaient le plus souvent moins bien payées que les hommes; une bonne aubaine° pour un certain nombre d'employeurs...

secteur... *service sector*
mentionable

windfall

Mais c'est peut-être le développement du travail à temps partiel qui a le plus contribué à celui du travail féminin. On constate d'ailleurs que c'est dans les pays où les possibilités de travail à temps partiel sont les plus développées que les femmes sont les plus nombreuses à travailler.

4. La norme de la femme au foyer° a été remplacée par celle de la femme au travail.

au... à la maison

Pour un nombre croissant de femmes, travailler est la condition de l'autonomie et de l'épanouissement° personnel. Les femmes qui n'ont jamais travaillé sont d'ailleurs trois fois moins nombreuses parmi les moins de 30 ans (moins de 4%) que parmi les plus âgées (12%). La diminution du nombre des mariages, l'accroissement du nombre des femmes seules, avec ou sans enfants, la sécurité (parfois la nécessité) pour un couple de disposer de deux salaires sont autant de raisons qui expliquent le regain de faveur du travail féminin.

fulfillment

La crainte° du chômage, la difficulté de trouver un travail conforme à ses aspirations, la fatigue représentée par la «double journée de travail» et les

la peur

mesures d'incitation prises par le gouvernement pourront amener certaines femmes à rester au foyer. Mais elles ne semblent guère susceptibles de compenser les facteurs favorables au travail féminin.

Source: From Gérard Mermet, *Francoscopie* 1993, pp. 263–265. © Larousse, 1992. Used by permission.

Le partage¹ du travail

Évolution du taux d'activité des hommes et des femmes (en % de la population de chaque sexe):

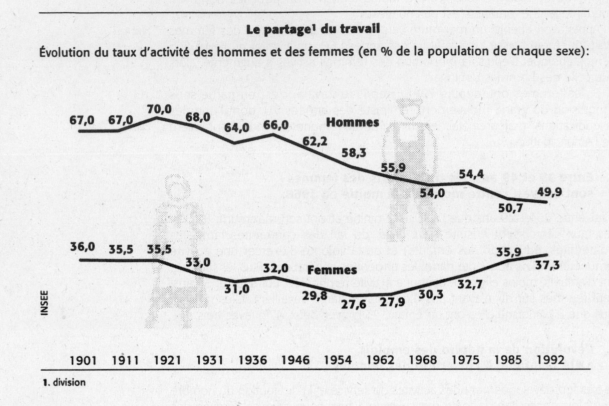

1. division

En détail

5 Les mots

A. Plus ou moins? Parmi les mots suivants du passage, lesquels indiquent «plus» (P) et lesquels indiquent «moins» (M)?

1. _____ l'accroissement

2. _____ baissé

3. _____ augmenté

4. _____ diminuait

5. _____ décroissent

6. _____ la diminution

7. _____ croissant

B. Déduisez. En utilisant le contexte et la logique, pouvez-vous déduire le sens des expressions en caractères gras?

1. Après avoir atteint un maximum vers 1900, **le taux d'activité des femmes** avait fortement baissé...

   a. _____ the active task of women

   b. _____ the proportion of women who work

2. Les taux décroissent ensuite avec l'âge, **du fait des** contraintes familiales...

   a. _____ as a function of

   b. _____ by making

3. **On constate d'ailleurs** que c'est dans [ces] pays que les femmes sont les plus nombreuses à travailler.

   a. _____ It is noted, moreover

   b. _____ A constant situation

4. Pour un nombre croissant de femmes, **travailler est la condition de** l'autonomie.

   a. _____ working is conditional

   b. _____ working is essential to

6 **Le texte.** Répondez aux questions suivantes.

1. D'après le passage, quelle est la position du mouvement féministe des années 70 à l'égard du travail des femmes?

   _____

2. Dans quel secteur est-ce que les femmes travaillent surtout?

   _____

3. Le travail à temps partiel est-il important pour les femmes qui travaillent?

   _____

Et vous?

1. Chaque famille est différente. Certaines ont une longue tradition de femmes qui travaillent hors du foyer. Dans d'autres familles la femme travaille seulement à la maison. Comparez les femmes de différentes générations dans votre famille en terminant les phrases suivantes.

Ma grand-mère _____

_____

_____

Ma mère _____

_____

_____

Pour moi, le travail _____

_____

_____

_____

2. Le passage dit que «pour un nombre croissant de femmes, travailler est une condition de l'autonomie et de l'épanouissement personnel». Êtes-vous d'accord? Écrivez vos idées à ce sujet.

_____

_____

_____

_____

_____

Soucis et rêves

Première étape

A. Devinette. Écrivez les mots qui sont décrits ci-dessous.

➡ Ce que le malade prend pour ses symptômes: des comprimés ou du sirop, par exemple. ___*un médicament*___

1. Une maladie commune surtout en hiver. On a le nez bouché et on éternue.

   _____

2. Un mal d'estomac que l'on a après avoir mangé trop de sucre ou de matières grasses. _____

3. Une maladie contagieuse. On a de la fièvre, on a la nausée, on a mal partout. _____

4. Une personne qui se plaint (*complains*) toujours de sa santé.

   _____

5. Une infection des poumons (*lungs*). Il faut prendre un antibiotique pour combattre l'infection. _____

6. Un médicament pour ceux qui ont mal à la tête. _____

7. Il faut avoir ce papier pour acheter certains médicaments à la pharmacie.

   _____

8. Si vous en avez, vous serez remboursé pour certains médicaments.

   _____

B. Trop de conseils! Vous êtes malade et votre copain veut vous aider, mais il a beaucoup de questions. Répondez à ses questions en remplaçant les mots en italique par le pronom **en.**

1. Tu as besoin *de médicaments?*

_____

2. Tu as acheté *du sirop?*

_____

3. Tu vas boire beaucoup *de jus de fruit,* n'est-ce pas?

_____

4. Le médecin a prescrit *des comprimés?*

_____

5. Il va donner *une ordonnance?*

_____

Maintenant, répondez aux questions 6–10 en choisissant parmi les pronoms suivants: **y, en** ou **lui.**

6. Tu as envie d'aller *chez le médecin?*

_____

7. Tu as peur *du médecin?*

_____

8. Tu vas parler *au pharmacien* aussi?

_____

9. Tu es déjà allé *à la pharmacie?*

_____

10. Tu parles souvent *de tes maladies,* n'est-ce pas?

_____

C. Que feriez-vous? Si les situations suivantes se présentaient, quelle serait votre réaction ou la réaction des personnes indiquées? Lisez les circonstances qui suivent, puis complétez les phrases avec le conditionnel du verbe que vous choisissez.

➡ Si j'avais un rhume... (me coucher; boire du jus d'orange)

je me coucherais. ou: *je boirais du jus d'orange.*

1. Si je tombais dans la rue... (me blesser; aller à la pharmacie)

_____

2. Si mes camarades de classe étudiaient pendant dix heures... (avoir mal à la tête; avoir de la fièvre)

_____

3. Si mon camarade de chambre était malade... (appeler le médecin; rester au lit)

_____

4. Si mes copains et moi, nous avions mal aux jambes... (aller chez le médecin; prendre des comprimés)

_____

5. Si tu te blessais sérieusement... (demander conseil au pharmacien; aller à l'hôpital)

_____

6. Si ta copine et toi, vous toussiez tout le temps... (demander un antibiotique; acheter du sirop)

_____

D. À sa place... Aimez-vous donner vos opinions aux autres quand ils ont des problèmes? Considérez les situations suivantes, puis écrivez des recommandations pour chaque image en employant les suggestions données avec le conditionnel des verbes **devoir** ou **pouvoir**. Ensuite écrivez une phrase originale pour indiquer ce que vous feriez à la place de ces gens.

➡ Cette femme / appeler le pharmacien; prendre des comprimés; se coucher?

Cette femme *devrait appeler le pharmacien. Elle pourrait prendre des comprimés et elle devrait se coucher. À sa place, je dormirais toute la journée.*

1. 2.

1. ce garçon / ne plus manquer son cours; travailler plus sérieusement; poser plus de questions en classe?

Le semestre prochain, ce garçon _____

_____

_____

_____

_____

2. Les témoins (*witnesses*) / appeler la police; faire venir une ambulance; ne pas bouger (*move*) le garçon?

Les témoins _____

_____

_____

_____

■ Deuxième étape

E. Circonstances imaginaires! Les rêves des profs ne sont pas toujours profonds—ni réalistes! Décrivez les fantasmes du prof au sujet des étudiants en employant **si** et les expressions verbales données.

➡ parler plus / être moins anxieux
Si les étudiants parlaient plus, ils seraient moins anxieux.

1. étudier en groupes / s'amuser mieux

_____

2. poser plus de questions / comprendre mieux la leçon

_____

3. faire les exercices / savoir les réponses

_____

4. regarder les vidéos / parler mieux

_____

5. travailler plus sérieusement / réussir aux examens

_____

Maintenant, décrivez les fantasmes des étudiants concernant le professeur.

➡ être plus patient / être moins anxieux
Si le prof était plus patient, nous serions moins anxieux.

6. parler moins vite / comprendre mieux

_____

7. nous montrer des films / nous amuser mieux

_____

8. nous donner moins de devoirs / l'aimer beaucoup

_____

9. être absent(e) / ne pas avoir de classe

_____

10. nous donner l'argent nécessaire / aller à Tahiti pour parler français

_____

F. Fantasmes?   Une camarade de classe qui veut être psychiatre s'entraîne à l'analyse en vous posant des questions hypothétiques. Répondez à ses questions en employant le conditionnel et en suivant l'exemple.

➡ Qu'est-ce que tu achèterais si tu pouvais avoir la voiture de tes rêves?
Si je pouvais avoir la voiture de mes rêves, j'achèterais une Ferrari.

1. Si tu pouvais être un personnage historique, qui est-ce que tu serais?

_____

2. Qu'est-ce que tu ferais si tu étais millionnaire?

_____

3. Où irais-tu si tu pouvais voyager dans le temps?

_____

4. Comment serait la maison de tes rêves?

_____

5. Qu'est-ce que tu apporterais avec toi sur une île déserte?

_____

6. Qu'est-ce que tu serais si tu étais un animal?

_____

Troisième étape

G. D'autres problèmes. La mondialisation n'est pas le seul problème auquel nous devons faire face. Complétez le paragraphe ci-dessous en employant les expressions suivantes.

plutôt	qui	surtout	et
mais	où	alors	pourtant
parce que	en fait		

(1) _____ il y a beaucoup de problèmes dans le monde

aujourd'hui. Il y a la mondialisation, bien sûr, (2) _____ il y

a aussi des maladies contagieuses, (3) _____ le sida (*AIDS*),

(4) _____ des problèmes sérieux de l'environnement, par exemple.

(5) _____ il ne faut pas être pessimiste (6) _____

nous disposons de ressources (7) _____ peuvent nous aider à

trouver des solutions. Une seule personne, un seul pays ne peut rien faire. Il faut

(8) _____ travailler ensemble partout (9) _____ les

êtres humains souffrent. (10) _____, travaillons ensemble pour

changer le monde!

H. Pour moi... Écrivez une réponse aux déclarations suivantes en employant des expressions pour confirmer, insister, comparer, qualifier, etc. (Voir p. 470 dans votre manuel de classe.)

1. La mondialisation est un grand mal avec beaucoup d'aspects négatifs.

_____

2. Les pays occidentaux envahissent le reste du monde par les médias et les pratiques économiques.

_____

3. La mondialisation met l'argent au centre, en oubliant l'être humain.

_____

4. La compétition mène à un égoïsme qui opprime.

_____

5. La mondialisation me permet de communiquer instantanément avec mes copains à l'autre bout du monde.

_____

6. Le monde d'aujourd'hui est un monde multiculturel.

_____

7. Nous devons trouver une réponse humaine aux différents visages que présente le monde.

_____

8. Notre objectif principal est le bonheur de l'être humain.

_____

▮ Intégration

Lecture: Les médecines douces et la psychanalyse: sciences ou pseudosciences?

Avant de lire

1 Pouvez-vous deviner la définition probable de l'expression «les médecines douces»? Cochez une réponse.

a. _____ le sucre et la santé

b. _____ formes non traditionnelles de médecine

c. _____ la médecine classique

En général

2 Parcourez le texte une première fois et cochez les renseignements que vous y trouvez.

a. _____ une période de temps où les médecines douces se sont développées

b. _____ une raison pour le succès de la médecine douce

c. _____ le nom de quelques médecins qui pratiquent la médecine douce

d. _____ le nom de quelques types de médecine douce

e. _____ la relation entre les guérisseurs et les psychanalystes

f. _____ la légalité de la psychanalyse

g. _____ l'utilité de la psychanalyse

Toubib[1] or not toubib

Les médecines douces

Les médecines dites «douces» se sont considérablement développées ces dernières années. Elles doivent être pratiquées par des médecins, qu'ils soient généralistes ou spécialistes.

Les utilisateurs considèrent en général qu'il s'agit d'un recours complémentaire à la médecine classique, et non pas d'une méthode unique.

Le succès des médecines douces est souvent présenté comme une demande de contact personnalisé avec le médecin; une demande de prise en charge globale du malade[2] à laquelle ne répond pas la médecine moderne, très spécialisée et très technique. Le médecin applique des tarifs plus élevés que les tarifs remboursés par la Sécurité sociale, mais il sait prendre le temps d'écouter les malades.

Pour ceux qui ont recours aux médecines douces, l'homéopathie arrive en tête, suivie par l'acuponcture, puis la phytothérapie[3]. L'ostéopathie est également de plus en plus utilisée.

Les guérisseurs[4] ne sont pas reconnus légalement[5]. Ils peuvent être poursuivis pour exercice illégal de la médecine, bien qu'ils bénéficient le plus souvent d'une certaine tolérance.

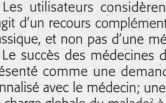

La psychanalyse[6]

La psychanalyse est de plus en plus admise par les Français: 31% d'entre eux n'écarteraient pas l'idée de se faire psychanalyser (58% sont d'un avis contraire) et 46% déclarent qu'ils auraient une réaction favorable si leur conjoint décidait de se faire psychanalyser.

Les plus intéressés sont les femmes (33% des femmes contre 29% des hommes), les personnes ayant un niveau d'instruction supérieure, et les moins de 50 ans.

Les personnes interviewées voient le psychanalyste plutôt comme quelqu'un qui écoute et laisse parler (58%) que comme quelqu'un qui donne des conseils (24%).

C'est une thérapie qui leur paraît utile pour traiter les problèmes de personnalité (51%) et dans une moindre mesure, les problèmes sexuels (35%), mais elles se montrent sceptiques sur son utilité pour les problèmes professionnels (31%). Elle peut s'adresser aussi aux enfants (64%).

Si la psychanalyse est aujourd'hui admise, elle n'est pourtant pas couramment pratiquée. 16% seulement des Français déclarent avoir dans leur entourage familial ou professionnel des gens qui ont fait une analyse.

Source: Le Figaro Magazine/Pessin. Reprinted with permission.

1. *slang for* médecin 2. prise... *treatment of the whole patient rather than a specific ailment* 3. *herbal medicine* 4. *healers* 5. *In France, most practitioners of homeopathy have medical degrees. Most other "healers" do not.* 6. *D'après un sondage SOFRES pour* Le Figaro Magazine

En détail

3 **Les mots.** Devinez le sens des mots suivants. Vous allez remarquer qu'ils sont (presque) identiques dans les deux langues. Écrivez l'équivalent anglais.

1. pratiquées _____

2. utilisateurs _____

3. le recours _____

4. complémentaire _____

5. présenté _____

6. demande _____

7. remboursés _____

8. l'acuponcture _____

9. légalement _____

10. bénéficient _____

4 **Le texte**

A. **Vrai ou faux?** Écrivez **V** si la phrase est vraie ou **F** si la phrase est fausse. Corrigez les phrases fausses.

1. _____ Récemment les médecines douces sont de plus en plus populaires.

_____

_____

2. _____ En général, les patients utilisent les médecines douces comme traitement unique.

_____

_____

3. _____ La médecine moderne est trop technique.

_____

_____

4. _____ La médecine classique est trop personnalisée.

_____

_____

5. _____ Les médecins qui pratiquent la médecine douce ont des tarifs moins élevés que les médecins «classiques».

_____

_____

6. _____ L'acuponcture est moins utilisée que l'homéopathie.

_____

_____

7. _____ On accepte avec tolérance les «guérisseurs».

_____

_____

8. _____ 58% des Français considèrent l'idée de se faire psychanalyser.

_____

_____

9. _____ Les femmes s'intéressent plus que les hommes à la psychanalyse.

_____

_____

10. _____ La majorité des Français considèrent la psychanalyse utile pour des problèmes professionnels.

_____

_____

11. _____ D'après le sondage, 16% des Français ont un ami ou un membre de leur famille qui a été en traitement chez un psychanalyste.

_____

_____

B. L'humour du titre. Expliquez ce qui est amusant dans le titre de cet article.

_____

_____

_____

_____

C. L'humour de l'illustration. Regardez l'illustration à la page 155. Il faut savoir que les «plantes» des pieds sont le dessous des pieds (*soles*). Dans un article qui traite des «médecines douces», comment est-ce que le titre du livre que l'homme lit montre de l'humour?

_____

_____

_____

_____

Et vous?

Les médecines douces et la psychanalyse. Prenez position pour ou contre l'efficacité de la médecine non traditionnelle. Complétez le tableau qui suit, et donnez des exemples pour soutenir votre point de vue.

Type de médecine non traditionnelle	Efficacité (Oui ou non?)	Exemples
L'acuponcture		
La psychanalyse		
L'homéopathie		
L'ostéopathie		
La phytothérapie		

Maintenant, écrivez un paragraphe dans lequel vous développez une de ces idées.

_____

_____

_____

_____

_____

Chapitre complémentaire
Des questions d'actualité

A. Subjonctif? Décidez si les phrases suivantes emploient le subjonctif. Soulignez le verbe au subjonctif. Indiquez pour chaque phrase s'il y a *un* sujet ou *deux*.

➡ __2__ Je voudrais que la discrimination <u>finisse.</u>

1. _____ Les immigrés contribuent à notre société.

2. _____ Il est temps que le gouvernement protège les immigrés.

3. _____ Nous avons tous besoin de lutter contre l'intolérance.

4. _____ Il faut que nous nous entendions mieux.

5. _____ C'est dommage qu'on ferme les frontières.

6. _____ J'aimerais qu'on encourage le respect des autres cultures.

B. L'intolérance. Complétez les phrases suivantes avec le subjonctif des verbes indiqués.

1. Il est important qu'on _____ (apprendre) la langue du pays.

2. Il ne faut pas que nous _____ (fermer) les frontières.

3. Il n'est pas nécessaire que le gouvernement _____ (interdire) la liberté d'expression.

4. Il est temps qu'on _____ (accepter) des différences culturelles.

5. Je suis triste que nous _____ (ne pas s'entendre) bien.

6. C'est dommage que vous _____ (ne pas respecter) le droit à la différence.

7. Je suis content que tant de gens _____ (choisir) d'habiter notre pays.

C. Point de vue. D'abord, lisez les phrases suivantes qui expriment un fait objectif, puis changez-les selon l'exemple pour exprimer une opinion subjective. Commencez chaque phrase avec une des expressions données.

Il est temps	Il faut	Il est nécessaire	Il est important
C'est dommage	C'est malheureux	Je voudrais que	J'aimerais que

➡ Le gouvernement stimule la recherche pour trouver des solutions aux problèmes.

Il faut que le gouvernement stimule la recherche pour trouver des solutions aux problèmes.

1. Nous cherchons des solutions aux problèmes économiques.

_____

_____

2. Vous ne pensez pas au problème de l'immigration.

_____

3. Les immigrés réussissent à apprendre la langue du pays.

_____

_____

4. Nous éliminons les préjugés.

_____

5. Nous organisons des campagnes contre l'intolérance.

_____

_____

6. Vous acceptez les différences culturelles.

_____

D. Émotions. Patrick veut aider les sans-abri. Indiquez ses émotions et ses désirs en complétant les phrases suivantes.

➡ Je suis triste que / ne pas avoir de logement
(tant de gens) *Je suis triste que tant de gens n'aient pas de logement.*

1. Je suis triste que / ne pas avoir de logement

(les immigrés) _____

_____

(nous) _____

_____

2. C'est dommage que / être intolérant

(vous) _____

_____

(Jean-Marie) _____

_____

3. Il faut que / vouloir aider les pauvres

(vous) _____

_____

(ces politiciens) _____

_____

4. J'aimerais que / pouvoir avoir du travail

(tout le monde) _____

_____

(nous) _____

_____

5. Il est important que / faire appel aux députés

(vous) _____

_____

(tu) _____

_____

6. Je voudrais que / savoir combattre la misère

(on) _____

_____

(ces gens) _____

_____

E. Un sans-logis. Monsieur Chevalier, un des milliers de sans-logis en France, partage les sentiments de l'abbé Pierre. Complétez le paragraphe en employant l'infinitif ou le subjonctif des verbes suivants. N'employez chaque verbe qu'une fois.

attendre	faire	perdre
être	vivre	lancer
vouloir	se mobiliser	défendre

Je suis triste que beaucoup de gens (1) _____ leur logement. C'est

dommage de (2) _____ dans la rue. Je suis surpris que tant de gens

(3) _____ si indifférents. Mais je suis content que l'abbé Pierre

(4) _____ aider les pauvres. Il voudrait (5) _____ les sans-logis.

Il est triste que le gouvernement (6 ne rien) _____ . Il est temps de

(7) _____ . Il faudrait (8) _____ des pétitions. Il ne faut

pas qu'on (9) _____ des catastrophes!

F. Opinions. En français, on peut exprimer ses opinions et ses sentiments en employant le subjonctif *ou* l'infinitif. Récrivez les phrases suivantes en employant le sujet donné et le subjonctif.

➡ C'est dommage d'abandonner les sans-logis. (on)
   C'est dommage qu'on abandonne les sans-logis.

1. C'est triste de ne pas avoir de logement. (les sans-abri)

_____

2. C'est dommage de refuser de donner des logements vides aux sans-abri. (les villes)

_____

3. C'est malheureux de dormir dans la rue. (tant de jeunes)

_____

4. Il ne faut pas oublier les sans-abri. (nous)

_____

Maintenant, récrivez les phrases suivantes en employant un infinitif selon l'exemple.

➡ Il faut que nous aidions les pauvres.
Il faut aider les pauvres.

5. Il faut que tout le monde respecte les sans-abri.

_____

6. Il est temps que nous bâtissions de nouveaux logements.

_____

7. Il vaut mieux qu'on fasse appel aux maires.

_____

8. Je voudrais que nous arrêtions la misère.

_____

Laboratory Manual

Chapitre préliminaire
Bonjour!

Prononciation

🔘 **A. L'alphabet.** Listen to the French alphabet and repeat each letter.

a b c d e f g h i j k l m n o p q r s t u v w x y z

Now, listen again and write the letters you hear.

1. _____   4. _____

2. _____   5. _____

3. _____   6. _____

B. Les accents. Listen to the French diacritical marks and repeat each one.

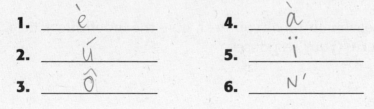

un accent aigu   é   un tréma   ë
un accent grave   è   un trait d'union   e-F
un accent circonflexe   î   une apostrophe   M'hammed
une cédille   ç

You will now hear a series of letters, each followed by a diacritical mark. Listen and write each letter with its diacritical mark.

1.   è   4.   à

2.   ú   5.   ï

3.   ô   6.   N'

C. Comment ça s'écrit? Listen to the following names. Spell them and then listen to verify your answers.

➡ *You see and hear:* Sandrine Rosier
You say: S-a-n-d-r-i-n-e R-o-s-i-e-r
You hear: S-a-n-d-r-i-n-e R-o-s-i-e-r

1. Thierry Villain
2. Josée Tourneau
3. Gérard Perdreaux
4. Robert Coufin
5. Karima Wéry
6. Mariama Bâ
7. Jean-François Gruyère

Activités de compréhension

A. Formel? Familier? Listen to the statements and indicate whether they are formal or familiar by circling your choice.

1. formel   familier

2. formel   familier

3. formel   familier

4. formel   familier

5. formel   familier

6. formel   familier

7. formel   familier

8. formel   familier

B. Masculin? Féminin? For each noun that you hear, give the indefinite article **un** or **une.** Then listen to verify your responses.

➡ *You hear:* craie
You say: une craie
You verify: une craie

C. Quel nombre? Circle the numbers you hear.

1.   4   14   40

2.   66   16   6

3.   2   12   32

4.   50   15   5

5.   33   3   13

Now listen and write down the numbers.

6. _____

7. _____

8. _____

9. _____

10. _____

À l'écoute: Faisons connaissance

You will hear a short interview with a young woman from Madagascar, a large Francophone island in the Indian Ocean. Do task 1 in **Avant d'écouter,** then read task 2 in **Écoutons** before you listen to the interview.

Avant d'écouter

1 Look at the map of the Francophone world in your textbook and locate Madagascar. Can you predict the ethnic origins of the people who live there? Check the possibilities that seem likely to you.

Ils sont d'origine...

_____ africaine (Afrique).

_____ asiatique (Asie).

_____ européenne (Europe).

_____ polynésienne (Polynésie).

Écoutons

Attention!   As you listen to the interview, remember that you do not need to understand every word. For each task, focus only on what you are asked to listen for. One step at a time, your ability to understand will increase.

2 Listen to the interview a first time in order to identify the topics covered. Check the categories that are mentioned.

1. _____ name of the interviewer

2. _____ name of the young woman from Madagascar

3. _____ origin of her name

4. _____ origin of the people of Madagascar in general (**les Malgaches**)

5. _____ origin of her family (**la famille**)

6. _____ her profession

7. _____ adjectives that describe **les Malgaches** in general

8. _____ adjectives that describe her personally

3 Play the conversation again, listening for the nationalities mentioned. Were your predictions correct? Circle the ethnic origins that are mentioned, either as adjectives or through the name of the continent or country.

africaine	égyptienne	sénégalaise	arabe
asiatique	chinoise	malaysienne	japonaise
européenne	française	allemande	anglaise
polynésienne	australienne		

4 Listen to the conversation a third time, paying close attention to the young woman's name. Fill in the missing letters **(les lettres),** then answer the two questions.

1. FRANÇOISE R A __ __ __ __ A __ __ __ I V __ __ O

2. What is the probable origin of the prefix Ra- in Françoise's last name?

Ra- est un préfixe d'origine _____ .

5 Listen to the conversation a final time in order to identify the adjectives that Françoise uses to describe herself. Complete the list.

complexe, _____ , _____

Prononciation

A. Les consonnes finales et la liaison.   Review the pronunciation section on final consonants and **liaisons** in the **Première étape** of Chapter 1 in your textbook. Then, in the following sentences, look at the consonants in bold type. Cross out the ones that should be silent, underline the ones that should be pronounced, and indicate the **liaisons** with a link mark (‿).

→ Françoi**s**e n'es**t** pas‿africai**n**e.

1. Il**s** sont africain**s**.

2. Elle**s** ne sont pas anglaise**s**.

3. Elle est petite, intelligente, amusante; elle est heureuse.

4. Il est peti**t**, intelligent, amusant; il est heureux.

5. C'est un garçon très intéressant; il n'est pas ennuyeux.

6. C'est une fille très intéressante; elle n'est pas ennuyeuse.

Now, listen to the sentences, and repeat each one.

B. Le rythme et l'accentuation.   First, review the pronunciation section on rhythm and accentuation in the **Troisième étape** of Chapter 1 in your textbook.

Now, listen to the following sentences a first time and mark them as you listen. Use a slash to indicate the word groups you hear, and underline the accented syllables.

1. Les Malgaches / sont d'origine malaysienne, polynésienne / africaine / et arabe.

2. Les origines / de ma famille / c'est la Malaysie, / la Polynésie / et la France.

3. Françoise / est complexe, sérieuse... et principalement heureuse.

4. Elle est petite et mince, / brune / et très sympathique.

You will now hear the sentences again. Listen and repeat each one. Make sure you say each syllable evenly except the last syllable of each group, which must be slightly longer and show a change in intonation.

Activités de compréhension

A. Le verbe _être_. First, listen carefully and decide if the sentences you hear refer to one person or to more than one person. Indicate your answers by circling your choices.

1. one person   more than one person

2. one person   more than one person

3. one person   more than one person

4. one person   more than one person

5. one person   more than one person

6. one person   more than one person

7. one person   more than one person

8. one person   more than one person

You will now hear the sentences again. If the sentence refers to one person, change it so that it refers to more than one person and vice versa. Then, listen in order to verify your answers.

➡ _You hear:_   Tu es italien?
    You say: Vous êtes italiens?
    You verify: Vous êtes italiens?

B. Traits de caractère. Listen to Nicolas's questions. Answer each of his questions positively, using a subject pronoun in place of the noun subject.

➡ _You hear:_   Je suis allergique à l'école?
    You write: Oui, <u>tu es</u> allergique à l'école.

1. Oui, _____ _____ sympathique.

2. Oui, _____ _____ amusants.

3. Oui, _____ _____ sociables.

4. Oui, _____ _____ typique.

5. Oui, _____ _____ raisonnable.

6. Oui, _____ _____ actifs.

C. Masculin, féminin. Check whether each adjective or noun you hear refers to a man **(homme)** or a woman **(femme)**. If you can't tell, check **?.**

➡ *You hear:* grand
  You check: __✓__ homme _____ femme _____ ?

1. _____ homme _____ femme _____ ?
2. _____ homme _____ femme _____ ?
3. _____ homme _____ femme _____ ?
4. _____ homme _____ femme _____ ?
5. _____ homme _____ femme _____ ?
6. _____ homme _____ femme _____ ?
7. _____ homme _____ femme _____ ?
8. _____ homme _____ femme _____ ?

D. Qui est-ce? You will hear the descriptions of five people, four of whom are pictured below. Do not worry if you do not understand every word you hear. Just listen for familiar words, and write the number of the description you hear under its corresponding picture. Can you draw in the picture that is missing?

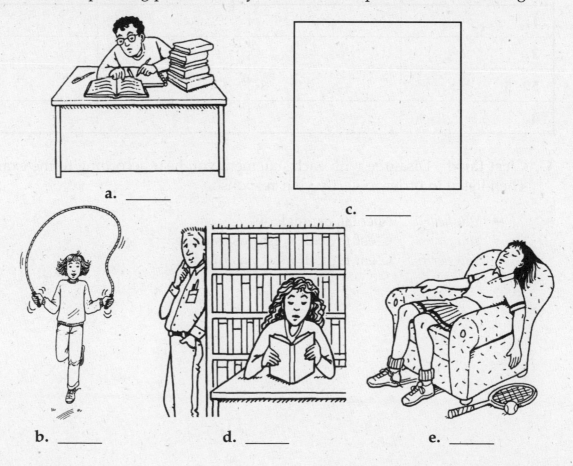

a. _____

c. _____

b. _____

d. _____

e. _____

E. C'est? Il est? For each adjective or noun you hear, check the expression you would use if you were saying a complete sentence.

➡ *You hear:* américaine
  You check: _____ c'est   _____ il est   _✓_ elle est

1. _____ c'est   _____ il est   _____ elle est

2. _____ c'est   _____ il est   _____ elle est

3. _____ c'est   _____ il est   _____ elle est

4. _____ c'est   _____ il est   _____ elle est

5. _____ c'est   _____ il est   _____ elle est

6. _____ c'est   _____ il est   _____ elle est

F. Personnages célèbres. You will hear a brief description of four people. Listen carefully and fill in the chart with the required information. Then, complete your chart by writing in the name of a person that fits each description.

	nationalité	profession	trait physique ou de caractère	nom
1.				
2.				
3.				
4.				

G. C'est faux! Disagree with each statement you hear according to the example. Then listen in order to verify your response.

➡ *You hear:* Nicolas est malade.
  You say: C'est faux. Il n'est pas malade.
  You verify: C'est faux. Il n'est pas malade.

H. Dictée. Listen to the following paragraph as often as necessary to fill in the words that are missing. Then, answer the question that follows.

Je _____ _____ . _____ suis _____

et _____ . Nicolas _____ Alceste _____ mes (*my*)

_____ . Nicolas _____ _____ _____ un

peu fou—et il _____ _____ malade! Alceste _____

_____ mais un peu _____ . Moi, _____

_____ _____ et énergique. _____ _____

nous _____ _____ élèves _____ ?

Et moi, qui suis-je? _____

La famille

2

À l'écoute: La famille de Françoise

Do you remember Françoise from Madagascar? (See Chapter 1 in your Lab Manual.) You will now hear her speak about her family. Do task 1 in **Avant d'écouter,** then read task 2 in **Écoutons** before you listen to the conversation.

Avant d'écouter

1 In describing a family with several children, the following words are likely to be mentioned. Can you infer their meaning? Match them with their equivalent.

1. ____ le/la deuxième   **a.** l'enfant numéro 1

2. ____ le/la troisième   **b.** l'enfant numéro 2

3. ____ le fils/la fille aîné(e)   **c.** l'enfant numéro 3

🔘 Écoutons

Attention!   This conversation contains some unfamiliar expressions that you are not expected to understand. For each task, focus only on what you are asked to listen for. One task at a time, your comprehension will increase.

2 Listen to the conversation a first time in order to identify the type of information it contains. Check all categories that are mentioned, then listen again and put them in the proper sequence, following the example.

☑ ___2___ information about her parents

☐ _____ information about her brothers and/or sisters

☐ _____ information about her grandparents

☐ _____ information about family activities

3 Listen to the conversation again in order to identify how many children there are in Françoise's family, and where she fits in. Circle the correct answers.

1. Nombre de fils   0   1   2   3   4   5

2. Nombre de filles   0   1   2   3   4   5

3. Françoise est   l'aînée   la deuxième   la troisième de sa famille.

4 Now play the conversation as often as necessary in order to complete the following chart. Write X in each box for which the information is either not given or irrelevant.

Nom	Âge	Marié(e)?	Nombre d'enfants	Profession
Françoise		non		
Anne-Marie	35 ans			travaille à Air Madagascar
Chantal			3	
Béatrice		fiancée		infirmière (*nurse*)
Christiane				travaille dans un bureau
Cyril				
Aimée				

5 Listen to the conversation a final time in order to answer the following questions.

1. Qui n'a pas un prénom typiquement français? _____

2. Quel est le nom de jeune fille (*maiden name*) de la mère? Complétez.

R ___ Z ___ ___ ___ ___ ___ O

3. Quelles sont les activités préférées de la famille de Françoise? Cochez les bonnes réponses.

a. _____ manger ensemble (*together*)

b. _____ le cinéma

c. _____ le sport

d. _____ les jeux: le Scrabble, les dominos, etc.

e. _____ voyager

■ Prononciation

A. Le son [r].   First, review the three keys to pronouncing a French [r] correctly in the **Première étape** of Chapter 2 in your textbook.

Now, listen to the following sentences and repeat each one, paying close attention to the pronunciation of the French **r.**

1. Alors, Françoise n'a pas de frères.
2. Anne-Marie, la sœur aînée, a trente-cinq ans.
3. Elle travaille à Air Madagascar.
4. La sœur qui est architecte est mariée et a trois enfants.
5. Béatrice n'est pas mariée.
6. Christiane travaille dans un bureau.
7. Le père s'appelle Cyril.

B. L'intonation.   Review the four basic intonation patterns outlined in the pronunciation section of the **Troisième étape** of Chapter 2 in your textbook.

Now, listen to the following sentences and repeat each one, using proper intonation as indicated.

1. Alors ma sœur aînée s'appelle Anne-Marie, elle a trente-cinq ans, elle est mariée, elle a deux garçons et elle travaille à Air Madagascar.

2. Ma petite sœur est à Madagascar, avec mes parents. Elle a vingt-neuf ans et elle travaille dans un bureau.

3. Comment s'appelle-t-elle? —Christiane.

4. Vos parents aussi ont des noms bien français?

5. Mon père s'appelle Cyril et ma mère s'appelle Aimée.

Activités de compréhension

A. Adjectifs possessifs. Listen to the following nouns, and write the possessive adjectives that correspond to the subject pronouns provided.

> ➡ *You hear:* une mère
> *You see:* je
> *You write:* <u>ma mère</u>

1. elle _____ **6.** je _____

2. il _____ **7.** ils _____

3. tu _____ **8.** nous _____

4. tu _____ **9.** vous _____

5. je _____ **10.** elles _____

B. Les adjectifs démonstratifs. Listen as several people are described. Indicate the form of the demonstrative adjective that, you hear in each sentence.

> ➡ *You hear:* Cet homme est français.
> *You check:* _____ ce   ✔ cet   _____ cette   _____ ces

1. _____ ce   _____ cet   _____ cette   _____ ces

2. _____ ce   _____ cet   _____ cette   _____ ces

3. _____ ce   _____ cet   _____ cette   _____ ces

4. _____ ce   _____ cet   _____ cette   _____ ces

5. _____ ce   _____ cet   _____ cette   _____ ces

6. _____ ce   _____ cet   _____ cette   _____ ces

C. Les verbes en -er. Listen to the following sentences and determine if each one is singular or plural. If it is singular, change the sentence to the plural. If it is plural, change it to the singular. Don't forget to pay particular attention to **liaison**.

> ➡ *You hear:* Il écoute la radio.
> *You say:* Ils écoutent la radio.
> *You verify:* Ils écoutent la radio.

D. La famille d'Angèle. Angèle is going to describe the likes and dislikes of the members of her family. Listen as many times as necessary to fill in the chart with the information you hear. Pause the audio CD as needed to write your answers.

la personne	ce qu'on aime	ce qu'on n'aime pas	un adjectif pour le/la décrire
1. la sœur			
2.			
3.			sérieux
4.			

E. Comment? Patrick surveyed students in his French class on their likes and dislikes. Listen as he reads the results of his poll. For each of his statements, confirm what you heard by asking a question using **qu'est-ce que** or **qui est-ce que**. Then, listen in order to verify your questions.

➡ *You hear:*　　Nous aimons les vacances.
　You say:　　Qu'est-ce que vous aimez?
　You verify:　Qu'est-ce que vous aimez?

F. Les nombres. Write down the ages of the people you hear mentioned.

➡ *You hear:*　　Robert a 13 ans.
　You write:　Robert: *13* ans

1. Nicolas: _____ ans　**5.** Mon grand-père: _____ ans

2. Hélène: _____ ans　**6.** Étienne: _____ ans

3. Tante Geneviève: _____ ans　**7.** Anne: _____ ans

4. Oncle Joseph: _____ ans　**8.** Moi: _____ ans

G. Dictée. First, listen as Babette describes her family. Then, listen to her description as many times as necessary in order to complete the paragraph with the missing words. When you finish the paragraph, answer the question about Babette's family that follows.

J'une _____ai_____ une _____ assez _____. Nous

_____ _____ personnes. _____ _____

_____ _____ père, _____ _____,

_____ deux _____ et moi. Chez nous, _____ont_____

_____ beaucoup les sorties en _____famille_____, _____le_____

_____film_____, les concerts et _____les_____ _____fêtes_____ aussi.

Bientôt _____c'est_____ _____la_____ fête de _____mon_____ _____frère_____

Charles qui _____a_____ _____14_____ ans. Il _____est_____ amusant

_____et_____ il _____aime_____ beaucoup _____jouer_____ _____au_____

_____foot_____. _____Mon_____ _____frère_____ Bernard _____a_____

_____18_____ _____ans_____ et il _____est_____ _____sportif_____ aussi. Tous

les deux, _____ils_____ _____adorent_____ les matchs de _____ballet_____ et de

_____tennis_____. Moi, _____je_____ _____préfère_____ la _____musique_____:

_____la_____ musique _____classique_____ et _____le_____ _____jazz_____.

J'_____ai_____ _____beaucoup_____ de disques compacts et de _____cassette_____.

J'_____aime_____ aussi les _____romans_____ _____historiques_____. Mes

_____parents_____ _____aiment_____ la _____musique_____ classique et les _____films_____,

mais _____n'aiment_____ _____pas_____ la _____télévision_____. Nous _____n'avons_____

_____pas_____ _____la_____ _____télévision_____ à la maison. Peut-être que

nous _____ne_____ _____sommes_____ _____pas_____ _____une_____

_____famille_____ typique!

On the basis of Babette's description, which of the following magazines would you *not* expect to find in the family's home?

_____ *Loisirs et sports*   _____ *Télérama*   _____ *La Revue du cinéma*

_____ *Le Monde de la musique*   _____ *Études littéraires*

La maison et la ville 3

■ À l'écoute: Les maisons à Tahiti

You will hear a short interview with a Tahitian man who is going to talk about houses in French Polynesia. Do task 1 in **Avant d'écouter,** then read task 2 in **Écoutons** before you listen to the interview.

Avant d'écouter

1 The Tahitian word for house is **fare. Fare tupuna** is the traditional ancestral home. How do you imagine a **fare tupuna?** Check the possibilities that seem likely to you.

l'extérieur

_____ construction en bois (*wood*)

_____ construction en matières végétales: branches d'arbres (*trees*), feuilles (*leaves*), etc.

_____ construction en briques

l'intérieur

_____ une seule (*single*) pièce

_____ une seule maison pour plusieurs familles

_____ plusieurs maisons pour une famille

💿 *Écoutons*

2 Listen to the interview a first time to identify its organization. Put the following topics in the proper sequence from 1 to 4.

a. _____ description of houses in Papeete, the capital of Tahiti

b. _____ the inside of a **fare tupuna**

c. _____ the outside of a **fare tupuna**

d. _____ family communities

3 Listen to the interview again to find out if the following statements are true or false. Write **V** for **vrai** or **F** for **faux,** and correct any false statements.

1. _____ Les maisons tahitiennes typiques sont construites en matières végétales.

_____

2. _____ On utilise des feuilles de cocotier (*coconut tree*) pour le toit (*roof*).

_____

3. _____ Le **fare tupuna** est une maison avec trois murs.

_____

4. _____ Pour l'intimité (*privacy*) on utilise un système de rideaux.

_____

5. _____ Trente personnes peuvent dormir (*can sleep*) dans la grande pièce.

_____

6. _____ Il y a un coin cuisine dans la grande pièce.

_____

7. _____ Il y a une maison séparée pour dormir, une maison pour se laver (*to wash up*), etc.

_____

8. _____ Plusieurs familles qui sont rattachées au même **tupuna** (*related to the same ancestor*) habitent ensemble.

_____

9. _____ À Papeete, il n'y a pas de maisons polynésiennes traditionnelles.

_____

4 Listen a final time to identify four specific rooms that are mentioned in the conversation.

_____

_____

_____

■ Prononciation

A. Les voyelles nasales. First, review the pronunciation section on nasal vowels in the **Première étape** of Chapter 3 in your textbook.

Now, listen to the following sentences, underline the nasal vowels you hear, and write the words with nasal sounds in the appropriate column. The first one is done for you.

	[ɑ̃]	[ɔ̃]	[ɛ̃]
1. Monsieur[1], vous êtes tahit<u>ien</u>... Comm<u>ent</u> s<u>ont</u> les mais<u>ons</u> à Tahiti?	comm<u>ent</u>	s<u>ont</u> mais<u>ons</u>	tahit<u>ien</u>
2. Les maisons tahitiennes sont construites en matières locales.		<u>sont</u>	
3. La mais<u>on</u> des <u>an</u>cêtres, c'est une grande pièce, comme une énorme chambre pour trente personnes.			
4. Les oncles et les t<u>an</u>tes, les cousins et les cousines, les <u>en</u>fants, les parents et les grands-parents habitent <u>en</u>semble.			
5. <u>En</u> ville, il y a des mais<u>ons</u> comme en France avec des pièces séparées à l'intérieur.			

You will now hear the sentences again. Listen and repeat each one.

B. Les sons [u] et [y]. First, review the pronunciation section on [u] and [y] in the **Troisième étape** of Chapter 3 in your textbook. Now, look at the following sentences. Underline the [u] sounds with one line and the [y] sounds with two lines.

1. Pouvez-vous nous parler des maisons à Tahiti?

2. C'est une maison avec ses quatre murs, pour une communauté de plusieurs familles.

3. Il y a une maison pour dormir, une maison pour la cuisine...

4. Et toi, tu connais Tahiti? —Pas du tout!

Now listen to the sentences, and repeat each one.

---

1. *Remember that the* **on** *in* **monsieur** *does not correspond to a nasal sound.*

Activités de comprehénsion

A. Les pièces. You will hear several people describing a room in their house or apartment. Listen and circle the room that is most likely being described.

1. une chambre   une cuisine   un séjour   une salle à manger

2. une chambre   une cuisine   un séjour   une salle à manger

3. une chambre   une cuisine   un séjour   une salle à manger

4. une chambre   une cuisine   un séjour   une salle à manger

5. une chambre   une cuisine   un séjour   une salle à manger

6. une chambre   une cuisine   un séjour   une salle à manger

B. Questions. You will hear several students asking questions. Listen and check the most logical response.

1. ____ Devant le cinéma.   ____ Agréable.   ____ Dakar.

2. ____ Au magasin.   ____ Français.   ____ Amusante.

3. ____ Sympathiques.   ____ Deux.   ____ Américains.

4. ____ Un peu fou.   ____ Maintenant.   ____ Georges.

5. ____ Je déteste les langues.   ____ Je vais aller en France.   ____ J'aime le jazz.

6. ____ Demain.   ____ Au centre-ville.   ____ C'est intéressant.

7. ____ Au restaurant.   ____ Le placard.   ____ Ma radio.

8. ____ Les films.   ____ Maintenant.   ____ Un studio.

9. ____ Je préfère les livres.   ____ J'aime les sports.   ____ Je déteste le rock.

C. Les dépenses. Étienne is trying to keep track of his expenses. Write down the amount he spent this month on each item and how much he has left.

1. Le studio: _____ €

2. Le téléphone: _____ €

3. Le sac à dos: _____ €

4. Des livres: _____ €

5. Pour manger: _____ €

6. Ce qui reste: _____ €

D. Les adjectifs.   You will hear a list of adjectives. Listen and determine if each adjective refers to a bedroom or a living room, and circle the correct choice. If it can refer to either a bedroom or a living room, circle **les deux.**

1. une chambre   un salon   les deux

2. une chambre   un salon   les deux

3. une chambre   un salon   les deux

4. une chambre   un salon   les deux

5. une chambre   un salon   les deux

6. une chambre   un salon   les deux

7. une chambre   un salon   les deux

8. une chambre   un salon   les deux

You will now hear the adjectives again. Based on the choices you made in the first part of this activity, write the complete adjective + noun phrase(s).

➡ *You hear:*   petit
   You write: <u>un petit salon</u>

1. _____

2. _____

3. _____

4. _____

5. _____

6. _____

7. _____

8. _____

E. Le week-end.   You will hear a series of questions about weekend plans—yours and those of others you know. Listen and answer affirmatively or negatively.

➡ *You hear:*   Tu vas travailler beaucoup?
   You say: Oui, je vais travailler beaucoup.
   or: Non, je ne vais pas travailler beaucoup.

F. L'impératif. You will hear Madame Péron confirming the directions she has just been given. Reassure her by repeating the directions using the imperative. Then, listen in order to verify each of your statements.

➡️ *You hear:* Je tourne à gauche?
You say: Oui, tournez à gauche.
You verify: Oui, tournez à gauche.

G. Où vont-ils? You will hear bits of conversations or a variety of sounds. Listen carefully and write down where you think the people are or where they are going. Use the verbs **être** or **aller** as appropriate.

➡️ *You hear:* Une chambre pour deux personnes, s'il vous plaît.
You write: <u>*Ils sont à l'hôtel.*</u>

1. _____
2. _____
3. _____
4. _____
5. _____
6. _____
7. _____
8. _____

H. Dictée. First, listen as Dominique describes his neighborhood. Then, listen to his description as many times as necessary in order to complete the paragraph with the missing words. When you finish the paragraph, label the houses with the names of the people who live in them to find out which one belongs to Dominique's family.

J(e) ___habite___ un ___vieux___ quartier (*neighborhood*) ___agréable___.
Mes ___copains___ et mes ___copines___ ___habitent___ dans ___ce___
quartier aussi. Cécile ___a___ un ___jeune___ ___studio___ dans un
bâtiment tout ___près___ ___de___ ___la___ poste.
___Le appartement___ de Salima est ___à___ ___côté___ ___de___ ce
studio. Mon copain Alain ___habite___ une ___petite___ maison
___en___ ___face___ ___de___ chez Salima (*Salima's place*), et

Catherine a un _nouvel_ appartement _a_ _droite_ _de_ chez Alain. Kofi, le _cousin_ de Salima, habite _à_ _côté_ d'elle. La _maison_ de _mon_ copain Gilles est _au_ _coin_ _de_ la _rue_. Enfin, ma _tante_ Denise habite un _grande_ immeuble (*apartment building*) _derrière_ la _maison_ de Gilles.

Où est-ce que j'habite, moi?

L'école

4

À l'écoute: En première année de fac

You will hear a short interview with a French student from the Paris area. Do task 1 in **Avant d'écouter,** then read task 2 in **Écoutons** before you listen to the conversation.

Avant d'écouter

1 In an interview with a student who is in her first year at a French university, what topics are likely to come up? Check the ones you would anticipate.

1. _____ des présentations: son nom, d'où elle vient, etc.

2. _____ ce qu'elle fait comme études (sa spécialisation)

3. _____ une description de ses cours

4. _____ ses plans: ce qu'elle veut devenir (*to become*)

5. _____ des commentaires sur ses profs

6. _____ des commentaires sur les examens

7. _____ son emploi du temps

8. _____ ce qu'elle fait après (*after*) les cours

9. _____ ce qu'elle fait pendant l'été (*during the summer*)

10. _____ une comparaison entre le lycée et la fac

⊚ *Écoutons*

2 Listen to the interview a first time in order to verify the topics discussed. Place a second check mark in task 1 next to the topics that are mentioned.

3 Listen to the conversation again in order to complete the following statements. Check the correct answers.

1. La jeune fille s'appelle Christelle

   a. _____ Guermantes.

   b. _X_ Lazéras.

   c. _____ Marne-la-Vallée.

2. Elle vient de

   a. _X_ Guermantes.

   b. _____ Lazéras.

   c. _____ Marne-la-Vallée.

3. Elle habite à _____ de Paris.

   a. _____ 2 km

   b. _____ 12 km

   c. _X_ 24 km

4. Elle mentionne EuroDisney parce que c'est là

   a. _____ que son père travaille.

   b. _X_ qu'elle travaille pendant l'été.

   c. _____ qu'elle veut travailler après ses études.

5. La fac où elle fait ses études est à

   a. _____ Paris.

   b. _X_ Marne-la-Vallée.

   c. _____ L.C.E.

6. Elle fait des études

    a. __X__ de langue et civilisation étrangères.

    b. _____ de commerce international.

    c. _____ d'informatique.

7. Elle a cours

    a. _____ de 9h à 14 ou 15h.

    b. __X__ de 10h à 16 ou 18h.

    c. _____ de 8h à 16h.

8. Après ses cours, elle _____ avec des copains.

    a. _____ fait du sport

    b. _____ fait ses devoirs

    c. __X__ va au café

9. Elle a _____ de devoirs par jour.

    a. _____ 2–3 heures

    b. _____ 3–4 heures

    c. __X__ 4–5 heures

10. Dans son programme d'études, les professeurs donnent beaucoup

    a. __X__ de dissertations (*papers*).

    b. _____ de travail de laboratoire.

    c. _____ d'examens.

4 Listen to the conversation a final time in order to complete the list of her courses. Then answer the question about Christelle's professional plans.

1. Elle a des cours de

    a. ___anglais civ___ britannique

    b. grammaire ___anglais___

c. littérature _____brit_____

d. littérature _____franc_____

e. _____gram_____ espagnole

f. conversation _____esp_____

g. _____conver_____ anglaise

h. _____cinema_____ britannique

2. Quelle profession Christelle prépare-t-elle? _____prof de anglais_____

Prononciation

A. **Les sons [e] et [ɛ].** Review the pronunciation section on the sounds [e] and [ɛ] in the **Première étape** of Chapter 4 in your textbook.

Now, listen to the following sentences, paying particular attention to the highlighted sounds. Underline the closed [e] sounds that you hear with one line, and the open [ɛ] sounds with two lines.

1. **Est**-ce que tu peux te pr**é**sent**er**?

2. Je m'app**elle** Christ**elle** Laz**é**ras.

3. Pendant l'**été** je travaille à EuroDisn**ey**.

4. Je suis en premi**ère** ann**ée** à la fac d**es** l**et**tres de Marne-la-Vall**ée**; je f**ais** d**es é**tudes de langue et civilisation **é**trang**ères**.

5. J'**ai** de la grammaire angl**aise**, un cours de litt**é**rature fran**çaise**, de la conv**er**sation espagnole. Qu'**est**-ce que j'**ai** d'autre?

6. C'**est** un emploi du temps ass**ez** charg**é**.

Now, check the answers in the answer key.

Listen to the sentences again and repeat each one, being careful to distinguish between the closed [e] and the open [ɛ] sounds. Make sure you do not make a diphthong for either sound.

B. **Les sons [ø] et [œ].** Review the pronunciation section on the sounds [ø] and [œ] in the **Troisième étape** of Chapter 4 in your textbook.

🔊 Now, listen to the following sentences a first time and mark them as you listen. Do the highlighted sounds correspond to a closed [ø] or to an open [œ]? Underline the [ø] sounds that you hear with one line, and the [œ] sounds with two lines.

1. D'ailleurs (*by the way*), elle travaille à EuroDisney.

2. Christelle veut être professeur d'anglais.

3. Elle n'est pas paresseuse; c'est une jeune fille sérieuse.

4. Son cours qui commence à deux heures est quelquefois un peu ennuyeux.

5. Alors elle fait des dessins sur une feuille de son cahier, pour passer le temps...

6. Les étudiants qui veulent être avec leurs copains peuvent aller au café.

Now, check the answers in the answer key.

🔊 Listen to the sentences again and repeat each one, showing clearly the difference between the closed [ø] and the open [œ].

Activités de compréhension

A. L'heure. You will hear several statements in which someone mentions the time of an event. Write down each indication of time that you hear.

➡ *You hear:*   Le train numéro 300 pour Lyon-Ville part à 22h40
You write: <u>22h40</u>

1. _____   4. _____   7. _____

2. _____   5. _____   8. _____

3. _____   6. _____   9. _____

B. Réactions. Listen to several statements made by your roommate, then check the *least* appropriate response.

1. ____ Vraiment?   ____ Tiens!   ____ Formidable!   ____ Et alors?

2. ____ J'en ai marre!   ____ Quelle chance!   ____ C'est vrai?   ____ Chouette!

3. ____ Super!   ____ C'est pas vrai!   ____ Mince!   ____ Ah bon?

4. ____ C'est incroyable!   ____ Tant pis!   ____ Zut alors!   ____ Oui?

5. ____ Tu plaisantes!   ____ C'est embêtant!   ____ Zut alors!   ____ Je m'en fiche.

C. Les dates de naissance. You will hear a number of people giving their birth date. Write down the dates you hear.

➡ *You hear:* Ma date de naissance est le 5 septembre 1947.
You write: 5/9/47

1. 13/8/1943
2. 10/10/1940
3. 6/12/1939

4. 1/4/1958
5. 16/3/72
6. 11/1/83

7. 20/2/22
8. 15/5/55
9. 30/6/19

D. Les cours. You will hear Suzette talk about her weekly schedule. Listen as often as necessary in order to complete the schedule that follows.

LUNDI	MARDI	MERCREDI	JEUDI	VENDREDI	SAMEDI	DIMANCHE
geog hist dessin anglais francais	formatique geot. biol.	geo hist	format. geog biol			
	anglais allemande peinture			musique ed. phys.		

What do you think she does on Saturday and Sunday? Include several activities in the schedule for those days.

E. Que font-ils? You will hear statements describing the following pictures. Write the number of each statement below the picture to which it corresponds.

a. 7   b. 1   c. 5

d. 6   e. 3   f. 4

g. 9   h. 2

F. Les verbes. Listen to the following sentences and determine if each one is singular or plural. If it is singular, repeat the sentence in the plural and vice versa, paying particular attention to pronunciation. Then listen to verify your answer.

➡ *You hear:*   Il apprend le français.
You say: Ils apprennent le français.
You verify: Ils apprennent le français.

G. **La diseuse de bonne aventure** (*fortuneteller*).   Look into your crystal ball and say whether you think someone is or is not going to do the following things, based on the information you hear. Then listen and see if your answer is the same as that of the fortuneteller.

➡️ *You hear:*   Elle déteste étudier.
You see: faire ses devoirs
You say: Elle ne va pas faire ses devoirs.
You verify: Elle ne va pas faire ses devoirs.

1. être médecin
2. comprendre les Français
3. comprendre le professeur
4. avoir une bonne note

5. étudier aujourd'hui
6. jouer au golf ce week-end
7. apprendre à jouer au tennis

H. **Dictée.**   First listen as a young person describes himself. Then listen to the description as often as necessary in order to complete the paragraph with the missing words. When you finish the paragraph, answer the question that follows.

Je __suis__ très __intelligent__. J'ai __quatre__ __ans__, et __je__ __sais__ __déjà__ lire. __Je__ __apprends__ __beaucoup__ dans __la__ __class__ de __mon__ __père__. Je __comprends__ ce que papa écrit __au__ __tableau__ aussi. Papa __e__ __heureux__ et fier de moi, __ma__ maman dit qu'il a tort (*he's wrong*). __Elle__ __a__ __(peur)__. Elle __est__ convaincue que __mon__ cerveau __va__ éclater, __alors__ __à__ dit que __je__ __ne__ __pas__ __peux__ __à__ __la__ __école__ avec papa. Qui suis-je? __Marcel pagnol__

À table!

5

■ À l'écoute: Les repas au Cameroun

You will hear a short conversation in which a woman from Cameroon talks about meals in her native country. Do task 1 in **Avant d'écouter,** then read task 2 in **Écoutons** before you listen to the conversation.

Avant d'écouter

1 What kind of food do you think people generally eat in West Africa (**en Afrique de l'Ouest**)? Make a check mark to the *left* of the items you think are plausible.

a. ____ des tomates ____   **i.** ____ du pain et du camembert ____

b. ____ des pâtes ____   **j.** ____ des épinards (*spinach*) ____

c. ____ du riz ____   **k.** ____ des bananes ____

d. ____ du couscous ____   **l.** ____ des mangues (*mangoes*) ____

e. ____ du bœuf ____   **m.** ____ des arachides (*peanuts*) ____

f. ____ du poulet ____   **n.** ____ des soupes ____

g. ____ du poisson ____   **o.** ____ des sauces ____

h. ____ des haricots verts ____   **p.** ____ ? ____

Écoutons

2 Listen to the conversation a first time in order to verify your predictions. Put a second check mark in task 1 to the *right* of the food items that are actually mentioned.

3 Play the conversation again in order to complete the following statements. Check all correct completions; however, do *not* check answers that are *not* mentioned in the conversation.

1. Élise mentionne que chaque (*each*) région du Cameroun a

    a. _____ son mode de vie (*way of life*).

    b. _____ son climat.

    c. _____ ses repas particuliers.

2. Élise vient

    a. _____ de l'ouest du Cameroun.

    b. _____ du sud (*south*) du Cameroun.

    c. _____ de la région de Lolodorf.

3. Le plantain

    a. _____ est une banane.

    b. _____ se prépare (*is prepared*) comme les pommes de terre.

    c. _____ se mange avec la viande.

4. En Afrique de l'Ouest, on fait des sauces avec

    a. _____ des arachides.

    b. _____ des mangues sauvages (*wild*).

    c. _____ des tomates.

5. Les légumes se mangent avec

    a. _____ du beurre.

    b. _____ des arachides.

    c. _____ de la crème de palme.

6. Les haricots verts et les petits pois sont

    a. _____ très communs dans les villages.

    b. _____ considérés comme la nourriture des Blancs.

    c. _____ importés de France.

7. Le couscous se mange avec

    a. _____ les doigts (*fingers*).

    b. _____ une fourchette.

    c. _____ une cuillère.

8. On mange la majorité des plats en Afrique de l'Ouest avec

    a. _____ de la sauce.

    b. _____ une cuillère en bois (*wooden*).

    c. _____ les doigts.

4 Listen to the conversation a final time in order to answer the following questions. Find at least three things to say for each question.

1. Qu'est-ce que c'est que le plantain?

    _____

    _____

    _____

2. Qu'avez-vous appris ici sur les légumes au Cameroun?

    _____

    _____

    _____

3. Qu'avez-vous appris sur les sauces?

    _____

    _____

    _____

Prononciation

A. Le *e* caduc. Review the pronunciation section in the **Première étape** of Chapter 5 in your textbook.

Now, listen to the following sentences a first time, paying close attention to the *e* **caducs** in bold type. As you listen, underline the *e* **caducs** that are pronounced and cross out the ones that are dropped.

1. Nous avons plusieurs sortes d**e** r**e**pas, tout dépend d**e** la région.

2. L**e** plantain, ça s**e** prépare comme les pommes d**e** terre, et ça s**e** mange

   avec la viande, la sauce, tout c**e** qu'on veut.

3. On mange beaucoup d**e** légumes. Les légumes, en Afrique d**e** l'Ouest,

   ça s**e** mange avec la crème d**e** palme.

Now, check your answers in the answer key.

Listen to the sentences again and repeat each one, making sure you drop the *e* **caducs** where necessary.

B. Les articles et l'articulation. Review the pronunciation section in the **Troisième étape** of Chapter 5 in your textbook.

Now, listen to the following summary of the conversation about food in Cameroon, and fill in the articles you hear. Cross out the *e* **caducs** that are not pronounced.

_____ gens _____ Cameroun ne mangent pas _____ pommes de terre, mais

_____ plantain est comme _____ pomme de terre. _____ viande se mange donc

avec _____ plantain et _____ sauce. _____ sauces _____ arachides ou _____

mangues sauvages sont très agréables avec _____ poulet. _____ légumes,

comme _____ épinards par exemple, se mangent aussi avec _____ sauce

spéciale.

Check your answers in the answer key.

Now, practice saying the preceding paragraph at fluent speed, making sure you drop the *e* **caducs** where necessary and pronounce all other vowels distinctly.

■ Activités de compréhension

A. Les verbes.

🔘 Listen as Richard makes statements about his friend Michel and his twin brothers Alain and Alexis. If you can tell who he is referring to in each sentence, check the appropriate column. If you can't tell, check the question mark.

➡ *You hear:* Ils achètent beaucoup de gâteaux.
You check: Alain et Alexis

Michel	**Alain et Alexis**	**?**
1. _____	_____	_____
2. _____	_____	_____
3. _____	_____	_____
4. _____	_____	_____
5. _____	_____	_____
6. _____	_____	_____
7. _____	_____	_____
8. _____	_____	_____

B. Au restaurant.

You will hear a series of statements about what Laure and her friends are having for lunch. Based on the drawings that follow, indicate whether the statements you hear are probably true or probably false by writing **V** for **vrai** or **F** for **faux**.

le repas de Laure   le repas d'Aimée   le repas de Salima

1. _____   3. _____   5. _____

2. _____   4. _____   6. _____

C. Ce qu'elles mangent. Refer once again to the drawing of the meals of Laure and her friends. You will hear a name and a food or drink item. Say whether or not each person is having that item.

➡ *You hear:* Laure / frites?
You say: Oui, elle prend des frites.
You verify: Oui, elle prend des frites.

You hear: Laure / homard?
You say: Non, elle ne prend pas de homard.
You verify: Non, elle ne prend pas de homard.

D. La fête. Lise and Karine are discussing what everyone has brought for a gathering of friends that evening. Listen to their conversation and fill in the chart with the items brought by each person.

Lise	Karine	Gilles	Charles
2 boîtes 2 cams 2 baguettes	tarte citron de	2 b. vin rouge	chips
2 beurres	gâteaux choc.	1 bouteille d'eau minérale	de la salsita
	2 tarte aux fraises	2 L. coca	
		poisson	

E. On joue aux cartes. The Martin children like to play a card game called *Fruits et Légumes*, in which players are awarded points for the various cards they have won. First, listen to their conversation and fill in the first part of the score card—the part that shows how many cards they have of each fruit and vegetable.

	pêches	fraises	framboises	carottes	oignons	tomates	total des points
Anne							
Paul							
Jean							
Lise							

Now stop the audio CD and figure out how many points each child has. Fill in the total in the right column of the score card. Each fruit and vegetable card is worth a different number of points:

oignons = 1 point	tomates = 3 points	framboises = 5 points
carottes = 2 points	fraises = 4 points	pêches = 6 points

Now answer the following questions, using complete sentences.

1. Qui a plus de carottes qu'Anne?

_____

2. Qui a autant de fraises que Paul?

_____

3. Qui a moins de tomates que Lise?

_____

4. Qui a plus de points qu'Anne?

_____

5. Qui a moins de points que Lise?

_____

6. Qui a gagné (*won*)?

_____

F. Aujourd'hui? Hier? Demain?

Listen as various people make statements about their activities. Decide whether they are referring to the present, the past, or the future. Indicate your choice by circling either **aujourd'hui, hier,** or **demain.**

1. aujourd'hui   hier   demain

2. aujourd'hui   hier   demain

3. aujourd'hui   hier   demain

4. aujourd'hui   hier   demain

5. aujourd'hui   hier   demain

6. aujourd'hui   hier   demain

7. aujourd'hui   hier   demain

8. aujourd'hui   hier   demain

G. L'anniversaire de maman. The whole family contributed to making mom's birthday special. As your grandmother asks about everyone's participation, tell her what everyone did, using the **passé composé** of the verbs indicated.

➡ *You hear:* Qu'est-ce que Caroline a fait?
You see: manger beaucoup de gâteau
You say: Elle a mangé beaucoup de gâteau.
You verify: Elle a mangé beaucoup de gâteau.

1. faire les courses
2. acheter le gâteau
3. oublier d'acheter le cadeau
4. préparer le dîner
5. beaucoup manger
6. prendre des photos

H. Dictée. You will hear Mme Bouvier talking about the groceries she purchased. Listen to the paragraph as often as necessary to fill in the missing words.

Pour préparer _____ _____ , j'_____

_____ beaucoup _____ choses: deux _____

_____ _____ et un kilo de _____ de

_____ . J'_____ _____ aussi des

_____ , _____ _____ , des

_____ . Puis, au _____ j'ai pris _____

_____ , _____ _____ _____ ,

des _____ , _____ _____ , _____

_____ vanille et deux _____ de _____ .

Et _____ pas le _____ . Nous _____

toujours _____ avec le _____ .

Now write down which dish(es) you believe she prepared based on the items she purchased.

une pizza?   une quiche?   un gâteau?   un ragoût?

Elle a préparé _____ et _____ .

Le temps et les passe-temps

6

À l'écoute: Les loisirs de Christelle

Do you remember Christelle, the French student from the Paris area? (See Chapter 4 in your Lab Manual.) You will now hear her speak about her leisure activities. Do task 1 in **Avant d'écouter**, then read task 2 in **Écoutons** before you listen to the conversation.

Avant d'écouter

1 How do you react to the following television shows? Check your personal reactions.

	je regarde ou j'enregistre (*record*)	j'éteins la télé	je m'endors (*fall asleep*)	ça m'énerve (ça m'irrite)
le journal télévisé	✓	✓		
un film historique	✓			
un drame psychologique		✓		
une comédie	✓			
un jeu télévisé			✓	
une émission de sport		✓		
un documentaire	✓			
un vieux film tard le soir	✓			

2 Listen to the conversation a first time in order to identify its organization. Put the following topics in the proper sequence, from 1 to 4.

Christelle parle...

a. _____ des livres.

b. _✓_ de la télé.

c. _____ des activités pour «se changer les idées» (*change of pace*).

d. _____ du sport.

3 Listen to the conversation again in order to complete the following statements. Check *all* correct answers.

1. En période de cours (pendant l'année scolaire), Christelle

   a. _____ regarde souvent la télé.

   b. _✓_ n'a pas le temps de regarder la télé.

2. Quand il y a une émission très intéressante à la télé, elle s'arrange (*makes arrangements*) pour

   a. _✓_ la regarder.

   b. _✓_ l'enregistrer.

3. Les émissions qu'elle considère comme très intéressantes sont

   a. _✓_ des films ou des documentaires.

   b. _____ des émissions de variétés ou de sport.

4. Pendant les vacances, elle

   a. _✓_ regarde souvent la télé le soir.

   b. _✓_ s'endort devant la télé presque (*almost*) tous les soirs.

5. Elle ne regarde pas souvent les jeux

  a. ___✓___ parce qu'elle trouve que c'est bête.

  b. _____ parce que ça énerve sa petite sœur.

6. Elle aime

  a. ___✓___ les films qui font penser (*that make you think*).

  b. __✓__ les drames.

7. Elle pense que les comédies

  a. _____ ont des répercussions sur sa vie.

  b. __✓__ on les oublie facilement.

8. Elle aime les livres

  a. __✓__ qui font penser.

  b. _____ qui ne font pas penser.

9. Elle dit que les étudiants français

  a. _____ jouent souvent au tennis.

  b. __✓__ n'ont pas le temps de faire beaucoup de sport.

10. Pour se changer les idées, Christelle aime

  a. __✓__ se balader (faire des promenades) dans Paris.

  b. __✓__ passer des heures dans les musées.

Prononciation

A. Les sons [o] et [ɔ].   Review the pronunciation section of the **Première étape** of Chapter 6 in your textbook, and note the cases when the closed [o] occurs. All other **o**'s correspond to the open [ɔ]. Now, look at the following sentences. Underline the [o] sounds with one line, and the [ɔ] sounds with two lines.

1. Elle aime les documentaires et les films historiques; elle n'aime pas beaucoup les comédies.

2. Elle adore lire des romans, des poèmes et des journaux.

3. Quand il fait beau, elle fait du sport.

4. Comme autres loisirs, elle aime faire des promenades dans Paris.

Now, listen to the sentences and repeat each one.

B. Les consonnes *s* et *c*.   First, review the pronunciation section of the **Troisième étape** of Chapter 6 in your textbook on the various pronunciations of the letters **s** and **c** in French. Now, imagine that you are strolling through Paris with Christelle and you see the following expressions on signs or other notices. Some are familiar to you, others are not. Would you know how to pronounce them? Above the highlighted letters, write the proper sound: [s], [z], or [k].

1. Poisson frais!

2. Danger! Poison!

3. Traversée du désert du Sahara.

4. Spécialités de desserts-maison!

5. Visitez le site de vos prochaines vacances: Tarascon!

6. Ce coussin (*cushion*) pour votre cousin...

7. Conversion assurée de vos possessions!

Now, listen to the expressions and repeat each one.

▪ Activités de compréhension

A. Le 4 juillet. You will hear a meteorologist giving the day's weather report for several locations. Using the weather map as a guide, write the name of the city or region for each forecast you hear.

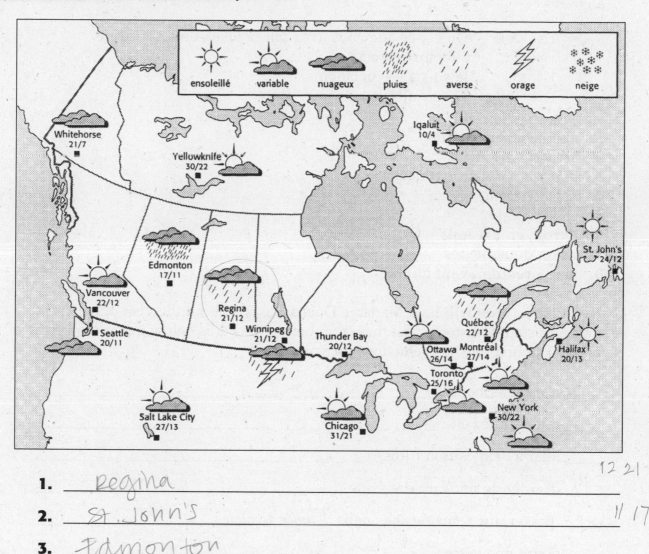

1. ___Regina___ 12 21
2. ___St. John's___ 11 17
3. ___Edmonton___
4. ___Salt Lake___
5. ___Whitehorse___ 7 21

B. Des questions personnelles. Sandrine's French teacher tends to ask a lot of personal questions every Monday morning to get the students to practice the **passé composé.** Listen as she questions Sandrine about her weekend activities. You play the role of Sandrine, answering the questions based on the written cues—using the **passé composé,** of course. Then listen in order to verify your answers.

➡ *You hear:*   Qu'est-ce que vous avez fait ce week-end, Sandrine?
You see: aller au cinéma
You say: Je suis allée au cinéma.
You verify: Je suis allée au cinéma.

1. aller avec ma copine
2. arriver vers 7h30
3. non / commencer vers 7h45
4. voir *Germinal*
5. aller au café
6. retrouver nos amis
7. rester deux heures
8. non / rentrer avant minuit

C. Une visite. You will hear Madame Ducharme talk about the visit of her husband's aunt. Listen a first time, numbering the verbs below in chronological order. The first one has been done for you.

_4_ nous téléphoner __vendredi dern.__

_9_ rentrer chez elle __sem. proch__

_7_ aller à l'exposition Picasso __demain matin__

_3_ décider de nous rendre visite __semaine dern.__

_1_ passer une semaine chez nous *l'année dernière*

_2_ écrire une lettre __le mois derniere__

_8_ aller voir un match de foot __le samedi__

_5_ arriver à la gare __hier après midi__

_6_ rentrer __6h30__

🔘 Now listen to the statements again, and write *when* each activity occurred or will occur in the blank beside the corresponding verb.

D. Les verbes. Listen to the following sentences and determine if each one is singular or plural. If it is singular, repeat the sentence in the plural and vice versa, paying particular attention to pronunciation. Then listen in order to verify your answers.

➡ *You hear:* Vous dites la vérité.
You say: Tu dis la vérité.
You verify: Tu dis la vérité.

E. Moi, je l'ai fait. Answer each implied question using a direct object pronoun and the verb **lire, dire, écrire,** or **voir.** Don't forget to make agreement with the past participle when necessary. Then listen in order to verify your answer.

➡ *You hear:* Ce rapport?
You say: Je l'ai écrit.
You verify: Je l'ai écrit.

You hear: Ce feuilleton?
You say: Je l'ai vu.
You verify: Je l'ai vu.

F. Les verbes comme *choisir*. Listen to the following sentences and determine if each one is singular or plural. If it is singular, repeat the sentence in the plural and vice versa, paying particular attention to pronunciation. Then listen to verify your answer.

➡ *You hear:* Je maigris facilement.
You say: Nous maigrissons facilement.
You verify: Nous maigrissons facilement.

G. Invitations. You will hear four conversations in which an invitation is being extended. As you listen to each conversation, fill in the chart with the place, time, and expression used to accept or refuse each invitation.

	Où va-t-on?	À quelle heure?	Expression pour accepter/refuser
1.	cinéma	7h30	c'est gentil, mais
2.			
3.			
4.			

H. Dictée. First listen as Claudine tells her roommate what she and her cousins did last weekend. Then listen to her description as many times as necessary in order to complete the paragraph with the missing words. When you finish the paragraph, complete the statement that follows about what you do to understand French better.

L'_____ _____ j'_____ _____ deux

_____ au Canada où je _____ _____ _____

mes grands-parents. Nous _____ _____ tous les sites

touristiques—le château, les _____ , le Parlement. J'_____

beaucoup _____ la ville de Québec, et je _____ _____

_____ _____ un seul jour _____ _____

_____ . Je _____ _____ _____ mois de

_____ quand il _____ _____ alors j'_____

_____ beaucoup de _____ avec _____

_____ , et _____ _____ _____ tard.

J'_____ _____ à _____ bonjour au lieu d'_____

_____—c'est la coutume au Québec! Maintenant je _____

mieux le _____ parce que j'_____ _____ le

_____ et j'_____ _____ des _____ à la

_____ tous les jours.

J'_____ _____ beaucoup _____ cartes postales

à _____ _____ aussi—en _____ , _____

_____ . Voilà ce que j'_____ _____ l'été _____ .

Pour mieux comprendre le français, moi, je _____

_____

Voyages et transports

7

À l'écoute: Un Africain à Paris

Larmé is a twenty-six-year-old student from Chad in Africa. You will hear him talk about his first day in France. Do task 1 in **Avant d'écouter,** then read task 2 in **Écoutons** before you listen to the conversation.

Avant d'écouter

1 Imagine an African student arriving in France for the first time. What do you think his first impressions were? What might have happened to him? Check the answers you anticipate.

1. À votre avis, quelle est la première chose qui l'a frappé (a fait une grande impression)?

   a. _____ La ville.

   b. _____ Le climat.

   c. _____ Le comportement (*behavior*) des gens.

2. Où a-t-il passé sa première nuit à Paris?

   a. _____ Dans un centre d'accueil (*welcome*) pour étudiants étrangers.

   b. _____ Dans un hôtel.

   c. _____ Chez un individu qui l'a hébergé et nourri (qui lui a donné une chambre et à manger).

3. Sur quelle sorte de personnes est-il tombé (*did he run across*)?

   a. _____ Des gens sympathiques.

   b. _____ Des gens bizarres.

   c. _____ Des gens indifférents.

2 Listen to the conversation a first time with the questions in task 1 in mind. Were your predictions accurate? Circle the correct answers.

3 Listen again to the conversation in order to answer the following questions. Several answers may be possible. Check *all* correct answers.

1. Quand Larmé est-il arrivé en France?

   a. _____ Il y a un an.

   b. _____ En hiver.

   c. _____ Un dimanche.

2. Qu'est-ce qu'il a pensé du climat? Il faisait (*it was*)...

   a. _____ frais.

   b. _____ un peu froid.

   c. _____ très froid.

3. Qui devait (*was supposed to*) venir le chercher à l'aéroport?

   a. _____ Le service d'accueil des étudiants étrangers.

   b. _____ Personne.

   c. _____ Un chauffeur de taxi.

4. Qu'est-ce que Larmé a fait à l'aéroport?

   a. _____ Il a téléphoné au centre international des étudiants et stagiaires.

   b. _____ Il a attendu plus d'une heure.

   c. _____ Il est tombé sur quelqu'un qui a eu pitié de lui (*felt sorry for him*).

5. Qui était (*was*) le monsieur de la Côte d'Ivoire?

   a. _____ Un employé de l'aéroport.

   b. _____ Un chauffeur de taxi.

   c. _____ Un autre étudiant étranger.

6. Qu'est-ce que ce monsieur a fait?

    a. _____ Il l'a hébergé et nourri chez lui (dans sa maison).

    b. _____ Il l'a conduit (*drove him*) à l'hôtel.

    c. _____ Le lendemain il l'a conduit au centre des étudiants étrangers.

7. Qu'est-ce qui a frappé Larmé quand il a vu Paris pour la première fois?

    a. _____ L'architecture des bâtiments.

    b. _____ Les gens.

    c. _____ Les voitures.

8. Comment sont les Parisiens, selon Larmé?

    a. _____ Assez (*rather*) grands.

    b. _____ Assez petits.

    c. _____ Toujours pressés.

4 Listen a final time to the conversation in order to answer the following questions. Write out your answers.

1. Qu'est-ce qui a été «comme un choc» quand Larmé est sorti de l'aéroport? Qu'est-ce qu'il a fait tout de suite?

_____

_____

2. Qui s'est occupé de (*took care of*) Larmé...

    a. le premier jour? _____

    b. le deuxième jour? _____

3. Résumez les trois différences que Larmé a trouvées entre le Tchad (l'Afrique) et la France.

_____

_____

_____

Prononciation

A. Les semi-voyelles [w] et [ɥ].   Review the pronunciation section on the semi-vowels [w] and [ɥ] in the **Première étape** of Chapter 7 in your textbook.

Now, listen to the following sentences, paying particular attention to the high-lighted sounds. Underline with one line the short [u] sounds you hear, like in **oui** [wi] or **soir** [swar]; underline with two lines the short [ɥ] sounds like in **huit** [ɥit].

1. Je s**ui**s venu en France pour contin**ue**r mes études.

2. C'était au m**oi**s d'octobre, mais pour m**oi,** venant du Tchad, il faisait très fr**oi**d.

3. Je s**ui**s tombé sur un monsieur de la Côte d'Iv**oi**re.

4. Je l**ui** ai expliqué ma sit**ua**tion et il a eu pitié de m**oi**.

5. Il m'a hébergé pour la n**ui**t.

You will now hear the sentences again. Listen and repeat each one.

B. La lettre *l*.   Review the pronunciation section on the letter l in the **Troisième étape** of Chapter 7 of your textbook. Now, look at the following postcard that Larmé might have sent to his family after his first week in France. Underline the **-ll-** that are pronounced like a *y*. Check your answers in the answer key, then practice reading the sentences aloud, paying special attention to the l's.

Chers papa, maman et toute la famille,

La France est belle! J'ai vu beaucoup de vieilles villes et des petits villages tranquilles. J'ai visité le château de Chantilly, qui n'est pas loin de Paris.

J'habite près de la place de la Bastille. Ma voisine est très gentille; hier, elle m'a donné des gâteaux qui s'appellent des mille-feuilles—c'est une spécialité française. Quel délice!

À bientôt d'autres nouvelles.

Larmé

You will now hear the sentences from the postcard. Listen and repeat each one.

▪ Activités de compréhension

A. À l'hôtel. Listen as different hotel clerks speak with clients. Fill in the type of room requested (**simple, double**), then mark the amenities mentioned in each conversation in the following chart. Put a check mark for those available and an X for those unavailable or not chosen.

CLIENT	CHAMBRE			HÔTEL						
	simple	double	sdb.	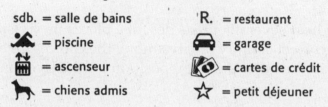			R.			☆
Lagarde			✓							
Michard										
Martin										
Rocher			✗							

Légende des abbréviations

sdb. = salle de bains   R. = restaurant

= piscine   = garage

= ascenseur   = cartes de crédit

= chiens admis   ☆ = petit déjeuner

B. La concierge. Madame Bavarde, the concierge of a large apartment building, knows all about the habits of the tenants who live there. Play the role of the concierge as she responds to the questions of her equally curious husband. Use the cues provided. Then listen as Monsieur Bavarde confirms your responses.

➡ *You hear:*   (Madame Bavarde) Monsieur Martin sort à 8 heures d'habitude. (Monsieur Bavarde) Et Madame Martin?

You see: Madame Martin / 8h30

You say: Madame Martin sort à huit heures et demie.

You verify: Ah, elle sort à huit heures et demie.

1. Madame Martin / 8h30
2. les Dupont / 8h
3. les enfants / 8h20
4. Madame Thomas / 6h30
5. ses fils / 1h du matin
6. ses fils / 7h30
7. Madame Thomas / 8h
8. Madame Thomas / 9h ce matin
9. Madame Thomas / 4h
10. ses fils / pas encore

C. À Cassis.   Today Monsieur Godot took the train from Paris to meet his family at their summer home in Cassis. It is now eight o'clock in the evening, and Monsieur Estragon asks you several questions about Monsieur and Madame Godot's activities during the day. Answer using an appropriate time expression (**il y a, pendant,** or **depuis**) according to the information that follows. Then listen as Monsieur Estragon confirms your answers.

9h:	M. Godot sort de son bureau.
10h:	M. Godot part de Paris.
17h:	Mme Godot sort de la maison.
17h20:	Mme Godot arrive à la gare de Cassis.
17h30:	M. Godot arrive à la gare de Cassis.
18h:	M. et Mme Godot rentrent.
20h:	l'heure actuelle (*current*)

➡ *You hear:*   Il y a combien de temps que Monsieur Godot est sorti
de son bureau?
You say: Il y a onze heures.
You verify: Ah, bon. Il y a onze heures.

D. Où ça?   You will hear several tourists describe places they visited today. As you listen, choose the correct country or city among the choices given for that sentence. Then write in the appropriate preposition for the location you selected.

1. _____ France   _____ Chili   _____ Australie

2. _____ Toronto   _____ Bruxelles   _____ Rome

3. _____ Pays-Bas   _____ États-Unis   _____ Iran

4. _____ Égypte   _____ Philippines   _____ Espagne

5. _____ Tunisie   _____ Colombie   _____ Angleterre

6. _____ Algérie   _____ Sénégal   _____ Portugal

7. _____ Tokyo   _____ Moscou   _____ Jérusalem

8. _____ Mexique   _____ Suisse   _____ Japon

E. Quel verbe? You will hear a series of questions containing the **-re** verbs you studied in this chapter. Listen to the questions a first time and circle the verb that you hear in each one. Then listen as the questions are repeated, and write the form of the verb that you hear in the blank at the end of the line.

➡️ *You hear:* Ils attendent le professeur?
You circle: (attendre) descendre entendre répondre vendre

You hear: Ils attendent le professeur?
You write: *attendent*

1. attendre descendre entendre répondre vendre _____

2. attendre descendre entendre répondre vendre _____

3. attendre descendre entendre répondre vendre _____

4. attendre descendre entendre répondre vendre _____

5. attendre descendre entendre répondre vendre _____

6. attendre descendre entendre répondre vendre _____

7. attendre descendre entendre répondre vendre _____

8. attendre descendre entendre répondre vendre _____

9. attendre descendre entendre répondre vendre _____

F. De l'aide? Des renseignements? You will hear several people making requests. As you listen a first time, indicate whether each person is asking for help or information by circling either **aide** or **renseignements**. Then listen as the requests are repeated, and write an appropriate response to either accept or refuse the request, using expressions from the **Stratégies de communication** in Chapter 7, page 272.

1. aide / renseignements _____

2. aide / renseignements _____

3. aide / renseignements _____

4. aide / renseignements _____

5. aide / renseignements _____

G. Lui? Leur? You have a very nosy roommate who asks a lot of questions about your personal life. Listen to the questions and respond as politely as possible. Use the pronoun **lui** or **leur** as appropriate in your answer. Finally, listen in order to verify your response.

➡ *You hear:* Tu vas parler au prof?
You see: Oui... demain.
You say: Oui, je vais lui parler demain.
You verify: Oui, je vais lui parler demain.

You hear: Tu as envoyé une lettre à tes parents?
You see: Oui, ... hier.
You say: Oui, je leur ai envoyé une lettre.
You verify: Oui, je leur ai envoyé une lettre.

1. Non... demain.   **4.** Oui... hier.

2. Non... demain.   **5.** Oui... hier.

3. Bien sûr...   **6.** Euh...

H. Dictée. First listen as Hélène reads the letter she has written to her parents while on vacation. Then, listen as many times as necessary in order to complete the blanks in the letter. When you finish, decide where she and her husband are vacationing, and check your choice.

Chers Maman et Papa,

Quelles _____ ! Nous _____ _____

dans _____ El Mouradi, un _____ de _____ luxe.

C'est merveilleux! _____ _____ tard tous les

_____ parce qu'ici _____ _____ le _____

_____ jusqu'à _____ . Après, _____

_____ vers midi _____ aller à la _____ ou

_____ _____ mosquées ou _____ marché où

_____ _____ des _____ et des _____

exotiques, _____ poteries et des _____ . Puis le guide

nous _____ chaque _____ à _____ pour

des excursions en 4x4 _____ le _____ . Cet _____

nous _____ pour Tozeur et Nefta. Il y a trop à _____

et trop à _____ ! Georges et moi, _____ _____

samedi _____ . Nous _____ vers 8h _____

_____ . J'espère que _____ _____ nous

_____ à _____ à _____ .

Grosses bises!

Hélène

Hélène et Georges sont

_____ au Sénégal.

_____ en Égypte.

_____ en Tunisie.

8

Les relations humaines

À l'écoute: Les copains

You will hear a short interview with a young Frenchman named Nicolas. Do task 1 in **Avant d'écouter,** then read task 2 in **Écoutons** before you listen to the interview.

Avant d'écouter

1 Look at the following activities. Which age group do you think they pertain to? Write **e** for **enfant, a** for **adolescent,** or **e/a** for both.

1. _____ jouer au foot

2. _____ jouer à cache-cache (*hide and seek*)

3. _____ faire du vélo

4. _____ jouer au billard

5. _____ jouer au baby-foot (*Foosball*)

6. _____ jouer à des jeux électroniques

7. _____ jouer à des jeux de société comme le Monopoly, Dessiner C'est Gagner (*Pictionary*), Donjons et Dragons, etc.

8. _____ appartenir (*belong*) à des clubs de musique ou autres

2 Listen to the interview a first time in order to identify the type of information it contains. Check the points that are mentioned, then put them in the proper sequence, following the example.

___1___ Nicolas se présente.

_____ Il parle de sa famille.

_____ Il parle de ses amis du lycée.

_____ Il parle de ses copains de l'école primaire.

_____ Il parle de ses copains à l'université.

_____ Il définit le bonheur.

_____ Il mentionne des clubs.

_____ Il mentionne ses activités pendant l'été.

_____ Il compare l'amitié entre filles et entre garçons.

3 Listen to the interview again to see which of the activities listed in task 1 (page 227) are mentioned. Underline those activities and confirm whether they pertained to Nicolas as a young child (**e**) or as an adolescent (**a**).

4 Listen to the interview again in order to complete the following statements from the choices given. Several completions may be possible. Check *all* correct answers.

1. Nicolas vient

   a. _____ de Biarritz.

   b. _____ du Pays basque.

   c. _____ du sud-ouest de la France.

2. Quand il était à l'école primaire, ses copains et lui se retrouvaient

   a. _____ après l'école.

   b. _____ le mercredi.

   c. _____ le week-end.

3. Ils aimaient jouer à cache-cache

    a. _____ après l'école.

    b. _____ le mercredi soir.

    c. _____ quand il faisait nuit.

4. Quand il était au lycée, Nicolas avait

    a. _____ plus d'amis.

    b. _____ moins d'amis.

    c. _____ des amis plus proches (*closer*).

5. Après les cours, ils aimaient

    a. _____ aller dans une salle de jeux.

    b. _____ aller au gymnase.

    c. _____ s'installer à une terrasse de café.

6. Le week-end, ils aimaient

    a. _____ aller au cinéma.

    b. _____ regarder des vidéos.

    c. _____ jouer à des jeux de société.

7. L'été, ils passaient beaucoup de temps

    a. _____ dans les salles de jeux.

    b. _____ dans les discothèques.

    c. _____ à la plage.

8. Nicolas appartenait à

    a. _____ un club de jazz.

    b. _____ un club de foot.

    c. _____ un club de théâtre.

9. Pour le premier club qu'il mentionne, il répétait (*practiced*)

    a. _____ presque tous les jours entre midi et 14 heures.

    b. _____ trois fois par semaine de 17 à 19 heures.

    c. _____ dix heures par semaine.

10. Il jouait

    a. _____ de la trompette.

    b. _____ de la batterie (*drums*).

    c. _____ de l'harmonica.

11. Il mentionne qu'il a joué des pièces de

    a. _____ Molière.

    b. _____ Pagnol.

    c. _____ Shakespeare.

12. Il dit que ce qui faisait son bonheur à cette époque, c'était

    a. _____ être avec ses amis.

    b. _____ discuter.

    c. _____ faire de la musique.

Prononciation

A. La lettre *g*. Review the pronunciation section on the letter **g** in the **Première étape** of Chapter 8 in your textbook. Now, look at the following sentences. Which sounds do the highlighted **g**'s correspond to? Above the **g**'s write 1 for [ʒ], 2 for [g], and 3 for [ɲ].

1. La plage de Biarritz est ma**gn**ifique.

2. Un des copains de Nicolas s'appelait **Gu**illaume; il y avait aussi **G**ontran, **G**ilbert et **G**érard.

3. En **g**énéral, ils man**ge**aient un petit **g**oûter (*afternoon snack*) avant d'aller jouer.

4. Ils i**gn**oraient l'heure quand ils jouaient à cache-cache.

5. Le père de Nicolas était **g**ynécolo**gue** (un médecin spécialisé).

🔊 Now, listen to the sentences and repeat each one.

B. Les consonnes finales.   Review the pronunciation section on final consonants in the **Troisième étape** of Chapter 8 in your textbook.

Listen to the following sentences, paying close attention to the final consonants that are highlighted. Cross out the ones that are not pronounced and underline the ones that are pronounced.

1. Nicola**s** vien**t** du Pay**s** basque, dans le sud-oue**st** de la France.

2. Le mercredi, les garçon**s** se retrouvaient tou**s** pou**r** jouer au foo**t**.

3. Au lycée, Nicola**s** était plu**s** seu**l**; en fai**t**, il avait moin**s** de copain**s** mais plu**s** d'ami**s** proche**s**.

4. Les jeune**s** préféraient le billa**rd** au tennis.

5. L'été, ils étaient tou**t** le temp**s** à la plage.

6. Tou**t** le monde s'amusait au bo**rd** de la mer.

You will now hear the sentences again. Listen and repeat each one. Make sure you release all final consonant sounds clearly and completely.

◼ Activités de compréhension

A. De bons ou de mauvais rapports?   Lionel and Céleste fell in love at the same time as Thierry and Caroline. The first couple lived happily ever after, but Thierry and Caroline went their separate ways. As you listen to a series of statements about what the two couples' relationships were like, indicate whether the sentences refer to Lionel and Céleste or to Thierry and Caroline.

➡ *You hear:*   Ils ne s'amusaient plus.
   You check: _____ Lionel et Céleste   ✔ Thierry et Caroline

1. _____ Lionel et Céleste   _____ Thierry et Caroline

2. _____ Lionel et Céleste   _____ Thierry et Caroline

3. _____ Lionel et Céleste   _____ Thierry et Caroline

4. _____ Lionel et Céleste   _____ Thierry et Caroline

5. _____ Lionel et Céleste   _____ Thierry et Caroline

6. _____ Lionel et Céleste   _____ Thierry et Caroline

7. _____ Lionel et Céleste   _____ Thierry et Caroline

8. _____ Lionel et Céleste   _____ Thierry et Caroline

B. Aujourd'hui / autrefois. You will hear several sentences describing Josée's current activities. The drawings that follow illustrate her childhood activities. Compare each sentence you hear with the related drawing, and make a statement about how things *used to be* for Josée. (Some things *never* change!) Then listen to verify your answers.

➡ *You hear:* Aujourd'hui Josée va à son bureau le matin.
You see: *the drawing above*
You say: Autrefois elle allait à l'école.
You verify: Autrefois elle allait à l'école.

1.

2.

3.

4.

5.

6.

C. Rapports. You will hear a series of questions about your relationships with other people: **votre copain/copine, votre petit(e) ami(e), vos parents, vos professeurs.** Complete the following answers using the relative pronoun **qui** or **que.**

➡ *You hear:* Qui vous fait rire (*makes you laugh*)?
   You write: C'est/~~Ce sont~~ <u>mon copain qui</u> me/~~m'~~ <u>fait</u> rire.

1. C'est/Ce sont _____ je/j'_____ souvent
le samedi.

2. C'est/Ce sont _____ me/m'_____ de
l'argent.

3. C'est/Ce sont _____ je/j'_____ beaucoup.

4. C'est/Ce sont _____ me/m'_____ bien.

5. C'est/Ce sont _____ me/m'_____
beaucoup de questions.

6. C'est/Ce sont _____ je/j'_____ toujours.

7. C'est/Ce sont _____ je/j'_____ tous les
jours.

8. C'est/Ce sont _____ me/m'_____ des
lettres.

D. Qui l'a dit? You will hear a series of questions and statements. Listen to identify which of the following persons most likely asked the question or made the statement and to whom.

   a. une mère à son enfant
   b. un prof à ses étudiants
   c. un adolescent à ses parents
   d. votre camarade de chambre à vous

Then respond as the person addressed, using the appropriate object pronoun: **me, te, nous,** or **vous.** Finally, listen to verify your answers.

➡ *You hear:* Vous avez des questions à me poser?
   You identify: b (un prof à ses étudiants)
   You say: Oui, nous avons des questions à vous poser.
   You verify: Oui, nous avons des questions à vous poser.

1. _____   **3.** _____   **5.** _____   **7.** _____

2. _____   **4.** _____   **6.** _____

E. Conseils. You will hear four people mention a problem they are having. Respond to each one, choosing the most logical response of those suggested. Then listen to verify your answer.

1. _____ Il faut lui parler.

_____ Tu dois acheter un nouveau livre.

_____ Tu as besoin de dormir.

_____

2. _____ Il faut travailler.

_____ Si tu allais au cinéma avec moi?

_____ Tu dois étudier plus souvent.

_____

3. _____ Il faut parler au professeur.

_____ Tu dois en demander à tes copains.

_____ Tu devrais trouver un job.

_____

4. _____ Si tu faisais une promenade?

_____ Il faut savoir écouter.

_____ Tu as besoin de ranger ta chambre.

_____

You will now hear the cues repeated. Listen and write a suggestion of your own in the blank provided.

F. Dictée.   After reading an article on love and marriage in the nineties, Madame Rigolo expresses concern about her granddaughter's relationship with her fiancé. Then she and her husband compare that relationship with their own as they reminisce about the early days of their courtship. Listen to their conversation as often as necessary to complete the blanks, then answer the question that follows.

—Tu _____ _____ cet article au sujet de _____

et du _____ ? C'est _____ . La _____

des _____ comme Christophe et Simone est _____

_____ _____ .

—_____ _____ . Quand _____ _____

_____ , _____ choses _____ bien

_____ . Tu _____ _____ ?

—_____ sûr. Par exemple, Christophe _____ tous les

jours _____ Simone, et toi, _____ ne _____

_____ _____ .

—_____ _____ _____ de

_____ ! Je _____ des _____—des

_____ !

—Et _____ ne _____ _____ jamais

_____ des _____ _____ _____ .

—_____ boîtes de nuit?! Je _____ _____

toujours chez toi—avec toute _____ _____ ... ta

_____ , ton _____ , _____ _____ !

—Mais _____ _____ ensemble et _____

_____ de tout.

—Eh oui, _____ _____ nos _____ , et toi, tu

_____ _____ toujours des _____ . Je ne

_____ jamais avec toi.

—C'est _____ qu'on _____ bien.

—On _____ _____ _____ .

—Comme tout le monde. Mais _____ _____ sans

_____ .

—On _____ _____ _____ _____

toujours.

—Mais nous _____ _____ bien ensemble.

—_____ ?! Nous _____ _____

toujours ensemble, _____ _____ ?

—Pas _____ !

D'après vous, quel âge ont Monsieur et Madame Rigolo? _____

9

Les souvenirs

À l'écoute: Un séjour chez les Amérindiens

You will hear a short interview with a young man from Quebec. Do task 1 in **Avant d'écouter,** then read task 2 in **Écoutons** before you listen to the conversation.

Avant d'écouter

1 Michel Dubois, a native of the city of Quebec, had a chance to spend some time on an Indian reservation (**une réserve**) near Sept-Îles, on the northernmost banks of the Saint Lawrence River. The following words will be mentioned in the interview:

> un chantier (un lieu de travail de construction)
> des arbres (*trees*); le bois (*wood*)
> pêcher; chasser
> un site de camping

From these words, what can you speculate about Michel's reason for going **chez les Amérindiens?** Check the reason that seems most likely to you.

Michel est allé dans une réserve

_____ pour y passer ses vacances.

_____ pour y travailler.

_____ pour étudier l'effet des pluies acides sur les arbres.

Écoutons

2 Listen to the conversation a first time in order to verify your prediction. Underline in task 1 Michel's actual reason for going **chez les Amérindiens.**

3 Listen to the conversation again to find out if the following statements are true or false. Write **V** for **vrai** or **F** for **faux,** and correct false statements.

1. _____ Michel appelle les Amérindiens «les autochtones».

_____

2. _____ La réserve où il est allé était pour la tribu des Montagnais.

_____

3. _____ La réserve était à 500 km de la ville de Québec.

_____

4. _____ Il y est allé avec un programme d'échanges pour jeunes travailleurs.

_____

5. _____ La communauté où il est allé n'avait pas l'habitude (*wasn't accustomed*) de vivre avec des étrangers.

_____

_____

6. _____ Michel est allé seulement une fois dans cette réserve.

_____

7. _____ Il y est resté pendant trois semaines en tout (*in all*).

_____

8. _____ Les Amérindiens de cette réserve ne reçoivent pas d'aide sociale du gouvernement canadien.

_____

_____

9. _____ L'industrie principale de la région est l'industrie du bois.

_____

10. _____ Michel a travaillé à l'aménagement (la construction) des routes.

_____

11. _____ Le projet était financé par Hydro-Québec.

_____

12. _____ Pour ce projet, il était nécessaire de couper (*cut down*) des arbres.

_____

4 Listen again to the end of the interview in order to answer the following questions.

1. «Sans le savoir, ils détruisaient (causaient la destruction de) leur propre (*own*) territoire.»

   a. De qui Michel parle-t-il? _____

   b. Que faisaient-ils comme destruction? _____

   _____

   c. Pour quelle raison? _____

2. Qu'est-ce que Michel a appris pendant son séjour chez les Amérindiens? Nommez cinq choses.

   Il a appris à _____

   _____

Prononciation

A. [e] ou [ɛ]? Review the pronunciation section on the sounds [e] and [ɛ] in the **Première étape** of Chapter 9 in your textbook. Now look at the following sentences, paying particular attention to the highlighted sounds. Underline the closed [e] sounds with one line, and the open [ɛ] sounds with two lines.

1. Michel, est-ce que vous avez une expérience mémorable à nous raconter?

2. J'ai vécu chez les Montagnais pendant quelque temps l'été dernier.

3. La communauté où j'étais avait l'habitude de voir des gens de l'extérieur.

4. Le chantier que j'ai fait était financé par une société québécoise.

5. J'ai appris à connaître et à respecter les Amérindiens.

6. Pendant qu'on coupait des arbres, on chantait, on riait—on partageait notre humanité.

Now listen to the sentences and repeat each one.

B. C'est pur, c'est français!   Review the pronunciation section in the **Troisième étape** of Chapter 9 in your textbook.

⊘ The best way to practice pronouncing pure, equally stressed vowel sounds is in a longer text, where performance must be sustained. Your task here is to listen to and repeat, one sentence at a time, an old Abenakis legend from the northern part of Quebec. Make sure you observe the same intonation patterns and avoid diphthongs.

Une légende amérindienne: l'origine du maïs

Il était une fois, chez le peuple abénakis, une terrible famine qui faisait mourir les hommes, les femmes et les enfants. Il fallait absolument trouver une solution pour sauver le peuple. Un jour, un homme a eu une vision où le Créateur lui a expliqué que lui seul pouvait sauver son peuple, au prix d'un grand sacrifice. Ce sacrifice était la vie de sa femme en échange de la survie de son peuple. L'homme était partagé entre le désespoir le plus total et la confiance qu'il avait en son Créateur. Finalement, le choix difficile a été fait. Comme le Créateur le lui avait spécifié, quand il a enterré* sa femme, il a laissé sortir de terre ses beaux cheveux. La saison suivante, la terre a offert aux Abénakis du maïs en abondance. Le peuple était sauvé! C'est pour cette raison que l'on retrouve sur le maïs quelques cheveux blonds, pour nous rappeler le sacrifice de la vie d'une femme pour la survie de son peuple.

Adapté de «Mythes et légendes amérindiennes», www.autochtones.com/fr/culture/index.html.

Now try reading the whole text aloud, without interruptions!

▮ Activités de compréhension

A. Événements? Circonstances?   You will hear Claudine talking about how she spent her last weekend. Listen to each statement and indicate if she is talking about events (and using the **passé composé**) or circumstances (and using the imperfect). Circle your choice.

➡ *You hear:*   Mes copains m'ont téléphoné de bonne heure.
   You circle: (événement)/circonstance

1. événement / circonstance	**6.** événement / circonstance
2. événement / circonstance	**7.** événement / circonstance
3. événement / circonstance	**8.** événement / circonstance
4. événement / circonstance	**9.** événement / circonstance
5. événement / circonstance	

------
*buried

B. Bonne mémoire? You will hear Georges Cardin describing a crime committed when he was a child. However, some of the details have faded from his memory over the years. First listen and decide if each statement you hear is true or false based on the pictures that follow, and circle **vrai** or **faux.**

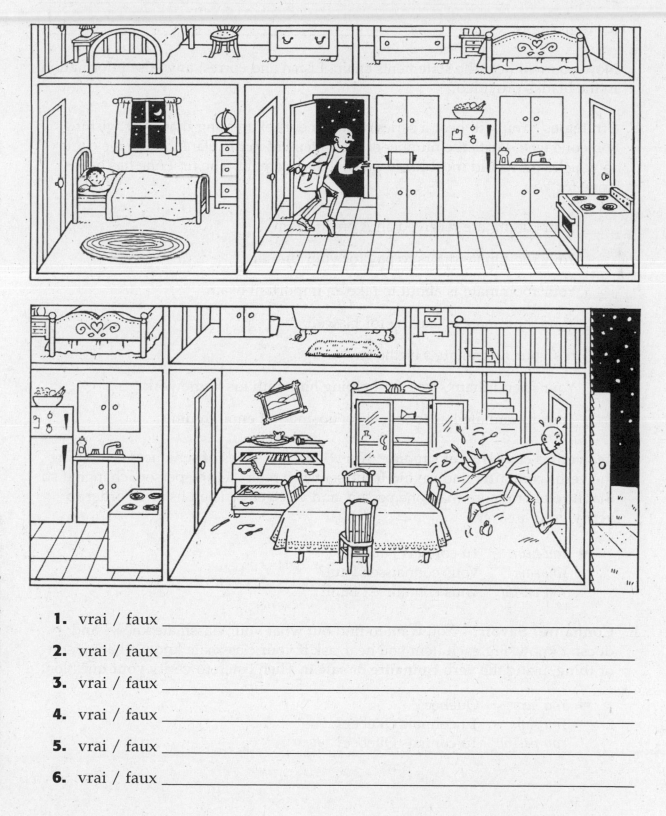

1. vrai / faux _____

2. vrai / faux _____

3. vrai / faux _____

4. vrai / faux _____

5. vrai / faux _____

6. vrai / faux _____

7. vrai / faux _____

8. vrai / faux _____

9. vrai / faux _____

10. vrai / faux _____

Now you will hear the statements again. Listen and correct any false information in the blanks provided.

C. **Stratégie.**   You will hear a series of statements expressing thanks or wishing someone well. Write the number of the statement in the blank beside the context in which you would most likely make that statement. The first one has been done for you.

_____ Your roommate received an A on an exam.

_____ Your roommate offers to pay for your dinner.

_____ Your roommate is about to take an important exam.

_1_ Your roommate is leaving for Hawaii.

_____ It's your roommate's birthday.

_____ Your friend thanks you for helping him with his homework.

_____ Your roommate has too much to do and not enough time.

D. **Les verbes** *connaître* **et** *savoir*.   You will hear a series of sentences containing the verbs **connaître** and **savoir**. If the sentence refers to one person, change it so that it refers to more than one person, and vice versa. Then listen in order to verify your answers.

➡ *You hear:*   Tu connais Paul?
   You say: Vous connaissez Paul?
   You verify: Vous connaissez Paul?

E. **Connaître? Savoir?**   You want to find out what your classmate knows and doesn't know. For each item you hear, ask if your classmate knows that person or thing, using the verb **connaître** or **savoir**. Then listen to verify your question.

➡ *You hear:*   Québec
   You say: Tu connais Québec?
   You verify: Tu connais Québec?

F. Personne? Rien? You will hear David's French teacher ask him a series of questions about his weekend. He's feeling very uncooperative, so he responds negatively to every question. Listen to the questions, then give David's answers using **personne** or **rien.** Then listen to verify your answer.

➡ *You hear:* Qu'est-ce que vous avez fait?
You say: Je n'ai rien fait.
You verify: Je n'ai rien fait.

G. Dictée. First listen as Caroline describes how her family celebrated Bastille Day. Then, listen to her description as many times as necessary in order to complete the paragraph with the missing words. When you finish the paragraph, answer the question that follows about how you celebrated your national holiday.

C'_____ le _____ juillet et nous

_____ célébrer la _____ en famille. Mais que faire?

_____ _____ d'accord sur les activités. Moi, je

_____ faire un _____ à la _____ , mais les

autres _____ _____ «non» parce qu'_____

_____ _____ toujours la foule (*crowd*) le quatorze juillet.

Papa _____ _____ qu'il _____

_____ à la

maison le _____ . Puis Éric _____ _____

regarder le _____ à la _____ . Maman

_____ ça _____ ; elle _____

_____ _____ à nos _____ . Mais

_____ _____ _____ _____ à

_____ chez eux pour les petits, _____ on _____

_____ de ne pas _____ _____ . Enfin, nous

_____ _____ à la _____ , et nous _____

_____ fait. Quelle _____ _____ !

Qu'est-ce que vous avez fait l'année dernière pour célébrer la fête nationale?

_____

10

La vie de tous les jours

■ À l'écoute: Les jeunes et la mode

Do you remember Nicolas from Biarritz? (See Chapter 8 in your Lab Manual.) You will now hear him speak about clothes and fashion. Do task 1 in **Avant d'écouter,** then read task 2 in **Écoutons** before you listen to the conversation.

Avant d'écouter

1 Think about the "typical" high school students you know. How do they dress? List some typical clothes and shoes, with their brand names (**la marque**) if appropriate, and indicate **F** for **filles, G** for **garçons,** or **F/G** for both.

vêtements	F, G ou F/G	marque	chaussures	F, G ou F/G	marque

💿 *Écoutons*

2 Listen to the conversation a first time in order to identify its main ideas. Check the topics that are mentioned.

1. _____ l'importance de la mode dans les universités françaises

2. _____ description de la manière dont s'habillent les vedettes (les stars du cinéma et de la chanson)

3. _____ la mode pour les jeunes bourgeois

4. _____ la mode pour les jeunes «hard rock»

5. _____ la mode pour les jeunes d'origine étrangère (les immigrés)

6. _____ la mode pour les jeunes qui ne veulent pas s'identifier à un groupe social particulier

7. _____ les chaussures que les jeunes Français portent pour faire du sport

8. _____ les chaussures que les jeunes Français portent pour aller à l'école

9. _____ les marques préférées de Nicolas

3 Listen to the conversation again to see if Nicolas mentions some of the clothes, shoes, and brand names you listed in task 1. Put a check mark by the ones that are mentioned.

4 Listen again in order to complete the following statements. Several answers may be possible. Check *all* correct answers.

1. En ce qui concerne la mode, les jeunes Français sont influencés par

   a. _____ la télé.

   b. _____ les grands couturiers comme Dior et Yves Saint-Laurent.

   c. _____ le top 50 (les vedettes de la chanson).

2. Nicolas dit que Biarritz est une ville

   a. _____ très diverse du point de vue social et économique.

   b. _____ assez bourgeoise.

   c. _____ assez hippie.

3. Les jeunes de familles riches portent

   a. _____ un style décontracté (*relaxed*) mais classique.

   b. _____ des marques bien précises.

   c. _____ le Lévis 501.

4. Les marques «bourgeoises» que Nicolas mentionne incluent

   a. _____ Chevignon.

   b. _____ Lacoste.

   c. _____ Naf Naf.

5. Les filles portent généralement

    a. _____ des jupes.

    b. _____ des marques différentes.

    c. _____ la même chose que les garçons.

6. Pour le style «hard rock», Nicolas mentionne

    a. _____ les T-shirts noirs.

    b. _____ les blousons noirs.

    c. _____ les cheveux longs.

7. Les jeunes qui ne veulent pas «se montrer» portent généralement

    a. _____ un jean et polo.

    b. _____ un jean et un T-shirt.

    c. _____ des vêtements plus habillés.

8. Comme chaussures, pour aller à l'école les jeunes Français portent

    a. _____ des tennis.

    b. _____ des baskets.

    c. _____ des mocassins.

9. Les _____ ne sont plus à la mode.

    a. _____ Converse

    b. _____ Doc Martens

    c. _____ Nike

10. En conclusion, Nicolas dit que la mode

    a. _____ est plus importante pour les filles que pour les garçons.

    b. _____ n'est plus très importante pour lui.

    c. _____ est moins importante qu'avant dans la société française.

■ Prononciation

A. Le *e* caduc: comment l'identifier. Review the pronunciation section in the **Première étape** of Chapter 10 in your textbook. Now, in the following sentences, identify and underline all the *e* **caducs.**

1. Je dirais que la mode, c'est très important pour la plupart des jeunes, mais ce n'est pas la même mode pour tout le monde.

2. Les jeunes de familles riches ont une façon de s'habiller, les jeunes qui aiment la musique hard rock ont une autre façon de s'habiller, et il y a donc plusieurs catégories de jeunes avec plusieurs styles de vêtements.

3. Quand on ne veut pas se montrer ou s'identifier avec un groupe particulier, «l'uniforme» classique, c'est le jean et le T-shirt.

4. Maintenant que je ne suis plus au lycée, je m'en fiche* de la mode.

Now check the answers in the answer key.

🔘 Listen to the sentences as they are read quite slowly, with each *e* **caduc** pronounced.

B. Le *e* caduc: prononcé ou pas? Review the pronunciation section in the **Troisième étape** of Chapter 10 in your textbook.

Looking at the sentences in exercise A, where you have already underlined all the *e* **caducs,** determine which ones would be dropped in fluent speech and cross them out. Then check your answers in the answer key.

🔘 Listen to the sentences at fluent speed. Repeat each one, dropping the *e* **caducs** as needed, just as French people do!

For additional practice, look at the following dialogue. Underline all the *e* **caducs** and cross out the ones that would be dropped in fluent speech. Check your answers in the answer key.

🔘 Repeat the dialogue, dropping the *e* **caducs** as needed. Remember that **je** is often pronounced **ch** when the **e** is dropped.

—Je te le dis, je n'ai rien à me mettre!

—Et le pantalon que ta mère t'a acheté samedi?

—Je ne l'aime pas.

_____
*(familier) *I don't care about*

—Et la robe noire que tu portais l'autre jour? Le noir te va très bien.

—Une robe, c'est trop habillé pour aller à un match de basket. Tout le monde va se moquer de moi.

—Ben alors, je sais pas, moi!

Activités de compréhension

A. Pas exactement. You will hear a series of statements about Djamila's activities yesterday, but none of the statements is exactly accurate. Listen to the statements as you look at the corresponding pictures, and correct the statements using a pronominal verb in your response. Then listen to verify your answer.

➡ *You hear:*   Djamila s'est levée de bonne heure.
You see: *the picture to the right*
You say: Mais non, elle s'est levée tard.
You verify: Mais non, elle s'est levée tard.

1.

2.

3.

4.

5.

6.

B. Les vêtements. You will hear some background sounds and sometimes some people speaking. Listen carefully and decide what the people in these situations are probably wearing. Check *all* the choices you think are likely.

1. ____ un short ____ un maillot de bain ____ un costume ____ des sandales

2. ____ une veste ____ un T-shirt ____ une robe ____ une cravate

3. ____ des baskets ____ des gants ____ un short ____ une jupe

4. ____ un jean ____ des tennis ____ un pyjama ____ un pull

5. ____ un polo ____ un manteau ____ des gants ____ des bottes

6. ____ un T-shirt ____ un pantalon ____ une chemise de nuit ____ un pyjama

C. Le verbe *mettre*. You will hear a series of questions about what various people are putting on today. Answer using the pictures as cues, then listen to verify your answer.

➡ *You hear:* Qu'est-ce que le prof met aujourd'hui?
You see: *the picture to the right*
You say: Il met une chemise en coton uni.
You verify: Il met une chemise en coton uni.

1.

2.

3.

4.

5.

6.

D. L'impératif. You will hear Pascal mention several items of clothing. If he mentions men's or unisex clothing, tell him to put it on. If he mentions women's clothing, tell him not to put it on. Listen as the items are repeated and verify your answers.

➡ *You hear:* Des chaussures habillées?
You say: Mets-les!
You verify: Des chaussures habillées? Mets-les!

E. Des compliments. You will hear a series of mini-conversations in which one person pays a compliment and another person responds. Listen to the conversations, and decide whether the responses are appropriate or not in French, and circle **approprié** or **pas approprié.** Then write a better response for each one that you marked as inappropriate.

1. approprié   pas approprié   _____

2. approprié   pas approprié   _____

3. approprié   pas approprié   _____

4. approprié   pas approprié   _____

5. approprié   pas approprié   _____

F. Projets. You will hear Nicolas ask his roommate Robert several questions about his plans and activities. Assume the role of Robert, answering that you completed the activity yesterday or will do it tomorrow. Use the pronoun **y** or **lui** as appropriate. Then listen in order to verify your responses.

➡ *You hear:* Tu vas parler à l'entraîneur?
You say: Oui, je vais lui parler demain.
You verify: Oui, je vais lui parler demain.

You hear: Tu es allé au gymnase?
You say: Oui, j'y suis allé hier.
You verify: Oui, j'y suis allé hier.

G. Dictée. First listen as Françoise describes a problem she wrestles with each spring: how to get into last year's bathing suit. Then, listen to her explanation as many times as necessary to complete the paragraph with the missing words. When you finish the paragraph, answer the question that follows about *your* habits.

Plus _____ _____! Dès aujourd'hui, je

_____ des _____ _____ . Je _____

_____ _____—je _____! Pourquoi? Parce qu'il

faut _____ à _____ le _____

_____ _____ à fleurs que j'ai acheté l'année dernière.

Maintenant, il _____ _____ _____

_____ _____ du tout parce que je _____

_____ _____ _____ _____

_____ . Mais, dans trois mois... vous _____

_____! En fait, j'ai _____ commencé mon _____ .

Ce matin, je _____ _____ _____ de bonne

heure, et je _____ _____ _____ tout

de suite. J'_____ _____ un _____ , un

_____ et des _____ et j'_____ _____

une demi-heure devant la télé à _____ de l'_____

avec ce bel _____ musclé à la chaîne 2! «_____ !

_____ ! _____ vos pieds!» Ouf! Après j'_____

_____ mon petit déjeuner—du _____ grillé sans

_____ , du café _____ , une orange. Tout ça avant de

_____ pour aller au travail.

À midi, j'_____ _____ une _____—que je

suis _____! L'après-midi je _____ _____

_____ avec ma copine. Et maintenant, le soir? Eh oui, j'ai

_____ partout—aux _____ , au _____ , aux

_____ . Mais dans trois mois... vous allez voir. Je _____

_____ _____ ce _____ de _____ !

What steps have you ever taken to get in shape? Check all that apply.

_____ faire de l'aérobic

_____ faire de la musculation

_____ faire du cardiotraining

_____ choisir des légumes, des fruits

_____ ne pas manger de dessert

_____ ne pas manger du tout

Plans et projets
11

À l'écoute: La femme en Afrique

In this short conversation, Larmé, the young man from Chad, will answer a few questions about women in Africa. Do task 1 in **Avant d'écouter**, then read task 2 in **Écoutons** before you listen to the conversation.

Avant d'écouter

1 In a conversation about women in Africa, what topics are likely to come up? Check to the *left* the ones you would anticipate.

1. ____ discussion du rôle traditionnel de l'homme et de la femme en Afrique ____

2. ____ influences de l'Occident sur la société africaine ____

3. ____ question de la polygamie versus la monogamie ____

4. ____ commentaires sur l'éducation des femmes ____

5. ____ exemples de professions occupées par des femmes ____

6. ____ réformes proposées par le gouvernement ____

7. ____ prédictions sur l'avenir de la femme en Afrique ____

8. ____ anecdote(s) personnelle(s) ____

2 Listen to the conversation a first time in order to verify its topics. Put a second check mark in task 1 to the *right* by the topics that are actually mentioned.

3 Listen to the conversation again in order to match the nouns on the left with the adjectives that Larmé uses to qualify them. Note that in the list on the right there are two extra adjectives that do not apply.

1. _____ la civilisation
2. _____ les influences extérieures
3. _____ les co-épouses
4. _____ la société africaine

a. de plus en plus forte(s) (*increasingly strong*)
b. dominée(s) par la religion
c. dominée(s) par l'homme
d. universelle(s)
e. moins traditionnelle(s)
f. beaucoup plus jeune(s)

4 Listen again in order to complete the following summary of the conversation. Fill in the blanks.

Les (1) _____ comme la radio et (2) _____

sont la raison pour laquelle, selon Larmé, (3) _____

tend (*tends*) à être (4) _____ . Larmé pense que la société

africaine évolue vers (5) _____ , à cause de l'influence

de (6) _____ mais aussi pour des raisons

(7) _____ . Larmé lui-même vient d'une famille

(8) _____ avec (9) _____ femmes et

(10) _____ enfants. Sa mère, qui est (11) _____

femme, a aidé son père à (12) _____ les (13) _____ .

C'est une famille où (14) _____ (15) _____

très bien, mais Larmé, comme beaucoup de jeunes de sa génération, ne veut

pas pratiquer (16) _____ .

Il y a déjà beaucoup de femmes qui (17) _____ dans l'ad-

ministration, dans (18) _____ et ailleurs (*elsewhere*), mais

l'indépendance ne sera pas (19) _____ pour la femme africaine;

ça va être une lutte (*struggle*) beaucoup (20) _____ qu'en

(21) _____ .

5 If you had a chance to talk to Larmé, what questions would you like to ask him about **l'avenir de la femme—et de l'homme—en Afrique?** Jot down three or four questions in French.

1. _____

2. _____

3. _____

4. _____

Prononciation

A. Le *s* français: [s] ou [z]?   Review the pronunciation section in the **Première étape** of Chapter 11 in your textbook. Now imagine you are having the following conversation with Larmé about something he mentioned in **À l'écoute.** First, look at each **s** in the conversation—is it going to be pronounced [s] or [z]? Underline the [s] sounds with one line and the [z] sounds with two lines, then check your answers in the answer key.

Repeat the conversation one sentence at a time. Try dropping the *e* **caducs,** too!

—Larmé, vous dites que la civilisation tend à être universelle?

—Oui, à cause des médias, surtout la télévision. On observe ce qui se passe

dans le reste du monde, ça éveille la curiosité et ça devient une sorte

d'immersion dans une culture universelle.

—C'est une bonne chose?

—Je ne suis pas philosophe, mais je pense qu'il y a du bon et du mauvais.

Si l'Afrique essaie de ressembler à l'Europe ou à l'Amérique sur le plan

professionnel, par exemple, je pense que c'est une bonne chose. Mais si

l'Afrique en oublie ses traditions, c'est désastreux.

Now read the whole conversation aloud with proper fluency and intonation.

B. Les nombres. Review the pronunciation section in the **Troisième étape** of Chapter 11 in your textbook.

In the following numbers, focus on the final consonants in boldface. Underline the consonants that must be pronounced, and cross out the ones that are silent. Then check your answers in the answer key.

🔘 Repeat the following numbers, paying particular attention to the final consonants.

1. cin**q** cent ving**t**-cin**q** (525)
2. hui**t** mille sep**t** cent quatre-vingt-si**x** (8 786)
3. ving**t**-six hommes et ving**t**-huit femmes
4. soixante mille neu**f** cent quatre-vingt-dix euros
5. deu**x** cent ving**t**-cin**q** mille hui**t** cents hommes

With the numbers given in digits, now comes the real test of your mastery! Read the following numbers aloud.

1. 5 525
2. 8 828
3. 56 626
4. 70 590
5. 681 et 829 ne font pas 1 500
6. 746 étudiants et 98 professeurs

🔘 Now listen to the numbers and repeat each one two or three times as needed, until you can say it fluently.

▉ Activités de compréhension

A. Professions. You will hear a series of people talking at work. Listen to what they say, and check the speaker's profession.

1. _____ ouvrière   _____ infirmière   _____ comptable

2. _____ fonctionnaire   _____ cuisinier   _____ enseignant

3. _____ journaliste   _____ vendeuse   _____ chef d'entreprise

4. _____ banquier   _____ infirmier   _____ cuisinier

5. _____ ouvrière   _____ vendeuse   _____ enseignante

6. _____ banquier   _____ comptable   _____ cuisinier

B. Présent? Passé? Futur? You will hear a series of statements about a job search. Indicate whether the sentences you hear are referring to the present, the past, or the future.

➡ *You hear:* Elles ont cherché un travail d'été.
You check: _____ présent ✓ passé composé _____ futur

1. _____ présent _____ passé composé _____ futur

2. _____ présent _____ passé composé _____ futur

3. _____ présent _____ passé composé _____ futur

4. _____ présent _____ passé composé _____ futur

5. _____ présent _____ passé composé _____ futur

6. _____ présent _____ passé composé _____ futur

7. _____ présent _____ passé composé _____ futur

8. _____ présent _____ passé composé _____ futur

C. Quel verbe? You will hear Élise bemoaning her impending birthday and Françoise telling her that life doesn't end at thirty! Listen to each statement a first time, and circle the infinitive of the verb you hear. Then listen as the sentences are repeated, and write down the form of the verb that you hear.

➡ *You hear:* Demain j'aurai trente ans.
You circle: faire (avoir) savoir aller pouvoir
You hear: Demain j'aurai trente ans.
You write: *aurai*

1. falloir devoir être vouloir venir _____

2. falloir devoir être vouloir venir _____

3. falloir devoir être vouloir venir _____

4. falloir devoir être voir venir _____

5. falloir devoir être voir venir _____

6. falloir devoir être voir venir _____

7. faire avoir savoir aller pouvoir _____

8. faire avoir savoir aller pouvoir _____

9. faire avoir savoir aller pouvoir _____

10. faire avoir savoir aller pouvoir _____

11. faire avoir savoir aller pouvoir _____

D. L'avenir. You will hear Alexis and his sister discussing his prospects for the future. They will speculate about numerous possible events and their outcomes. Listen as many times as necessary in order to answer the questions that follow.

1. Qu'est-ce qu'Alexis compte faire dès qu'il aura son diplôme?

_____

_____

2. Qu'est-ce qu'il fera, selon sa sœur?

_____

_____

3. Dans quelles circonstances est-ce qu'Alexis continuera ses études?

_____

_____

4. De quoi est-il sûr?

_____

_____

5. Qu'est-ce qu'il fera dès qu'il aura un poste de débutant?

_____

_____

6. Sa sœur est-elle sceptique (*skeptical*)? Comment le savez-vous?

_____

_____

E. Que veulent-ils? You will hear Jacques asking Françoise about what various family members want in the future. Play the role of Françoise and respond to the questions you hear, using a stress pronoun and the cues in the following list. Then listen to verify your answers.

➡ *You hear:* Que veut-il, ton frère?
You see: être riche
You say: Lui, il veut être riche.
You verify: Lui, il veut être riche.

1. être acteur
2. avoir un poste important
3. faire le tour du monde
4. devenir riches
5. être utiles à la société
6. avoir du temps libre
7. terminer nos études!
8. être heureuse

F. Si je réussis ma vie... You will hear several people saying what they will do if they become successful. Listen to each statement, and repeat the statement, adding the adverb formed from the adjective in the following list. Then listen to verify your answer.

➡ *You hear:* J'achèterai une voiture de luxe!
  You see: sûr
  You say: J'achèterai sûrement une voiture de luxe!
  You verify: J'achèterai sûrement une voiture de luxe!

1. vrai	3. certain	5. vrai	7. rare
2. constant	4. probable	6. fréquent	8. absolu

G. Dictée. Monsieur Rosier asked his class to imagine how the world of work will be different in twenty years and how society will change. First listen as he reads some of their predictions. Then, listen as many times as necessary in order to complete the statements with the missing words. When you finish, answer the question that follows.

Le monde du travail

_____ _____ moins, mais on _____

_____ d'_____ . _____ la vie

_____ plus _____ .

Nous _____ _____ _____ de

_____ . Nous _____ _____

_____ _____ au bureau. Nous _____

_____ par _____ ou par courrier électronique (*e-mail*).

_____ _____ _____ plus d'_____

entre les _____ et les _____ dans le _____

_____ .

Les _____ _____ plus _____ aux

_____ de _____ .

La société

La société _____ _____ . On

_____ voyager dans l'espace, sur les _____ planètes.

_____ _____ guérir (*cure*) le sida (*AIDS*) et le cancer,

mais _____ _____ _____ plus de famine, et il

_____ toujours _____ les _____ .

Le _____ sera plus _____ . Les gens _____

_____ dans d'autres pays, et _____ _____

_____ _____ la même langue.

With which of the predictions do you agree? If you do not agree with a prediction, change it so that you do, and write it below.

_____

_____

Soucis et rêves

À l'écoute: La journée parfaite

You will hear three short interviews with people you already know: Larmé, from Chad (see Chapters 7 and 11 in the Lab Manual); Christelle, from the Paris area (see Chapters 4 and 6); and Michel, from Quebec (see Chapter 9). Each one will be asked the same question: **Si vous pouviez vivre la journée parfaite, comment serait cette journée?** Do task 1 in **Avant d'écouter,** then read task 2 in **Écoutons** before you listen to the interviews.

Avant d'écouter

1 **Si vous pouviez vivre la journée parfaite, comment serait cette journée?**
If you were asked that question, what would you say? List two or three possibilities for each category below.

1. Où seriez-vous?

_____

_____

2. Que feriez-vous?

_____

_____

3. Y aurait-il d'autres personnes dans cette journée parfaite? Qui?

_____

_____

2 Listen to the interviews as many times as needed in order to identify who mentions what. Check the appropriate person.

	Larmé	Christelle	Michel
1. lire	_____	_____	_____
2. rire	_____	_____	_____
3. se lever tard	_____	_____	_____
4. faire ce qu'on a programmé	_____	_____	_____
5. aller à la pêche	_____	_____	_____
6. se promener	_____	_____	_____
7. faire du canotage (*canoeing*)	_____	_____	_____
8. le spontané	_____	_____	_____
9. des chansons	_____	_____	_____
10. le beau temps	_____	_____	_____
11. la tendresse	_____	_____	_____
12. deux pays possibles	_____	_____	_____

3 Listen to the interviews again in order to infer the meaning of the words in the left-hand column. (The initial next to each word indicates in which interview it occurs—L for Larmé, C for Christelle, M for Michel.) Match the words with the correct synonyms from the list on the right.

1. mettre à exécution (L)

2. se réaliser (L)

3. s'installer (C)

4. groover, énergiser (M)

a. arriver, devenir réel
b. tuer (*to kill*)
c. se mettre
d. donner du plaisir
e. changer
f. faire

4 Listen to the conversation again in order to answer the following questions.

1. Comment serait la journée parfaite de Larmé? Qu'est-ce qu'il mettrait à exécution? Qu'est-ce qui se réaliserait? _____

_____

2. Qu'est-ce qui «ajoute de l'intérêt» à une journée parfaite, selon Larmé?

_____

3. Où serait cette journée parfaite pour Larmé, et pourquoi?

   a. Contexte familial: _____

     _____

   b. Contexte général: _____

     _____

4. Quand est-ce que Christelle se lèverait pour sa journée parfaite? Que ferait-elle après?

_____

_____

5. Avec qui Christelle passerait-elle cette journée? Pourquoi?

_____

_____

6. Qu'est-ce qui «groove» Michel? _____

_____

7. Où serait la journée parfaite de Michel? Avec qui? Qu'est-ce qu'ils feraient?

_____

_____

_____

8. Complétez la définition que Michel donne de la journée parfaite. C'est une journée pleine de _____ , une journée _____ , dans _____ , avec _____ qu'on _____ .

5 Would your perfect day be more like Larmé's, like Christelle's, or like Michel's? Compare and explain (in French).

_____

_____

_____

_____

■ PronOnciation

A. Liaisons obligatoires et liaisons défendues.   Review the pronunciation section in the **Première étape** of Chapter 12 in your textbook. Now look at the following possibilities for «**une journée parfaite**». Indicate **les liaisons obligatoires** (‿) and **les liaisons défendues** (⌡), then verify your answers in the answer key.

1. L'endroit idéal pour ma journée parfaite serait dans un pays exotique, au bord de la mer.

2. Pour moi, l'endroit idéal serait chez moi, avec ma famille et mes amis—mes meilleurs amis.

3. Il ferait beau et on aurait le temps de manger et de parler sans avoir à se dépêcher.

4. La saison idéale, pour moi, c'est le printemps—les arbres sont en fleurs, les oiseaux chantent, tout est vert... C'est très agréable.

5. Quand as-tu déjà passé une journée «parfaite»? Comment as-tu passé cette journée?

Now listen to the sentences and repeat each one, paying particular attention to the liaisons.

B. Rythme et intonation.   Review the pronunciation section in the **Troisième étape** of Chapter 12 in your textbook. The best way to practice rhythm and intonation is in a longer text, where performance must be sustained. The literary reading in Chapter 12 is perfect for this. As you prepare to read aloud this excerpt from _Les Choses_, by Georges Perec, indicate the word groups with slashes and the intonation with arrows. Then check your answers in the answer key.

La vie, là, serait facile, serait simple. Toutes les obligations, tous les problèmes qu'implique la vie matérielle trouveraient une solution naturelle. Une femme de ménage serait là chaque matin. Il y aurait une cuisine vaste et claire, avec des carreaux bleus, [...] des placards partout, une belle table de bois blanc au centre, des tabourets, des bancs. Il serait agréable de venir s'y asseoir, chaque matin, après une douche, à peine habillé. Il y aurait sur la table des pots de marmelade, du beurre, des toasts, des pamplemousses coupés en deux.

Leur travail ne les retiendrait que quelques heures, le matin. Ils se retrouveraient pour déjeuner; ils prendraient un café à une terrasse, puis rentreraient chez eux, à pied, lentement.

Leur appartement serait rarement en ordre mais son désordre même serait son plus grand charme. Leur attention serait ailleurs: dans le livre qu'ils ouvriraient, dans le texte qu'ils écriraient, dans leur dialogue.

Il leur semblerait parfois qu'une vie entière pourrait harmonieusement s'écouler entre ces murs couverts de livres, entre ces choses belles et simples, douces, lumineuses. Ils savaient ce qu'ils voulaient; ils avaient des idées claires. Ils savaient ce que seraient leur bonheur, leur liberté. Il leur arrivait d'avoir peur. Mais le plus souvent, ils étaient seulement impatients. [...] Ils attendaient de vivre, ils attendaient l'argent. Ils aimaient la richesse avant d'aimer la vie.

Now repeat each sentence of the text with proper rhythm and intonation.

Now repeat the text one paragraph at a time, paying particular attention to rhythm and intonation.

Activités de compréhension

A. Logique? Pas logique?   You will hear several people mention an illness or a physical problem from which they are suffering. Look at the corresponding written statements, and decide if they are logical or not in light of what you hear. Circle **logique** or **pas logique,** and "correct" the comments that are not logical.

> ➡ *You hear:*   J'ai mal à la tête.
> *You see:*   Je prends un antibiotique.
> *You circle:*   logique (pas logique)
> *You write:*   *Je ne prends pas d'antibiotique.* or: *Je prends de l'aspirine.*

1. Je tousse, et j'ai de la fièvre.   logique   pas logique

_____

2. L'infirmière me fait un vaccin.   logique   pas logique

_____

3. J'ai le nez qui coule.   logique   pas logique

_____

4. J'ai sûrement la grippe.   logique   pas logique

_____

5. Je prends du sirop.   logique   pas logique

_____

6. Je suis en bonne forme.   logique   pas logique

_____

B. Fantasmes.   You will hear a series of people saying what they would do if they had more time or more money. Match each statement you hear to the corresponding picture, and write the number of the statement under it. The first one has been done for you.

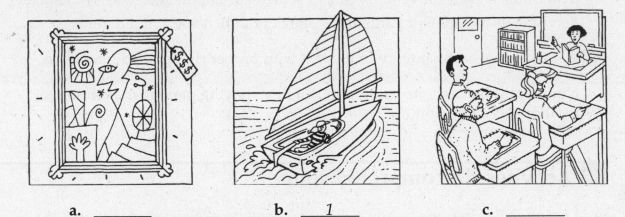

a. _____   b. _1_   c. _____

d. _____   e. _____

f. _____   g. _____

C. **Conditions → conséquences.**   You will hear a series of "conditions." For each condition, circle the appropriate consequence.

➡ *You hear:*   Si j'ai le temps ce soir...
You circle: (**a.**) j'irai au cinéma   **b.** j'irais au cinéma.

1. a. elle sera actrice de cinéma.   **b.** elle serait actrice de cinéma.

2. a. nous irons sûrement au Louvre.   **b.** nous irions sûrement au Louvre.

3. a. elle se trouvera en haut d'une
       montagne.   **b.** elle se trouverait en haut d'une
                                                   montagne.

4. a. je visiterai des pays
       francophones, bien sûr.   **b.** je visiterais des pays
                                                   francophones, bien sûr.

5. a. je parlerai bien le français.   **b.** je parlerais bien le français.

6. a. j'irai au Québec.   **b.** j'irais au Québec.

7. a. nous sortirons avec nos copains.   **b.** nous sortirions avec nos copains.

8. a. j'aurai une bonne note.   **b.** j'aurais une bonne note.

D. **De mauvaise humeur!**   Georgette failed her geography test, and her friend Nicolas is trying to cheer her up. She, however, will not be coaxed out of her bad mood. Play the role of Georgette and answer Nicolas's questions using the pronoun **en.** Then listen to verify your responses.

➡ *You hear:*   Tu as des soucis?
You see: oui
You say: Oui, j'en ai.
You verify: Oui, j'en ai.

1. oui   **3.** oui   **5.** non
2. non   **4.** non   **6.** non

E. Dictée.   Listen as Lionel tries to help Laure decide on a future profession. Then, listen again as many times as necessary in order to complete the dialogue with the missing words. When you finish the dialogue, answer the question that follows.

—_____ _____ tu _____, Laure, si tu

_____ la _____ de tes _____ ?

—Aucune idée! J'_____ les maths, les _____...

—Et tu _____ la biologie, _____ _____ ? Tu

_____ être _____, peut-être «médecin sans

frontières». Tu _____ dans des pays _____ on a très peu

d'hôpitaux et de médecins. Comme ça, tu _____

_____ les pauvres.

—Tu es fou, toi. _____ j'_____ un médecin sans frontières,

je _____ _____ mon temps avec des gens

_____ : des gens qui _____, qui _____,

qui _____ la _____ ! Moi, j'_____

_____ d'attraper une _____ _____!

Et en plus, je _____ _____ beaucoup d'argent.

—Si tu _____ chirurgienne (*surgeon*)?

—Ah non. Je _____ éviter le sang (*blood*)!

Can you suggest a profession for Laure? Complete the following sentence.

Moi, si j'étais Laure _____

Chapitre complémentaire

Des questions d'actualité

■ À l'écoute: Multiculturalisme et racisme

Michel, the young man from Quebec you have already met (see Chapters 9 and 12 in the Lab Manual), will answer a few questions about multiculturalism and racism. Do task 1 in **Avant d'écouter,** then read task 2 in **Écoutons** before you listen to the conversation.

Avant d'écouter

1 In a conversation about intercultural relations in Quebec, what topics are likely to come up? Check the ones you would anticipate and add other possibilities as you see fit.

1. _____ un résumé historique de la colonisation du Québec

2. _____ le bilinguisme

3. _____ le rapport majoritaire-minoritaire entre les Anglais (les anglophones) et les Français (les francophones)

4. _____ la possibilité d'un Québec souverain (indépendant)

5. _____ exemple(s) de racisme au Québec

6. _____ suggestions pour surmonter (*overcome*) le racisme

7. _____ ?

Écoutons

2 Listen to the conversation a first time in order to verify its topics. Put a second check mark in task 1 next to the topics that are actually mentioned.

3 Listen to the conversation again in order to complete the following statements. Several answers may be possible. Check *all* correct answers.

1. Selon Michel, le Québec est

   a. _____ partagé (divisé) entre deux langues.

   b. _____ la seule partie vraiment bilingue du Canada.

2. L'Ontario et le Nouveau-Brunswick

   a. _____ sont un peu bilingues.

   b. _____ font beaucoup d'efforts pour préserver les deux langues.

3. Le bilinguisme cause des problèmes racistes parce que beaucoup de gens

   a. _____ s'arrêtent à l'identification linguistique.

   b. _____ voient la langue comme un mur.

4. Le français peut devenir minoritaire quand

   a. _____ la population francophone fait l'effort d'apprendre l'anglais.

   b. _____ les nouveaux immigrés apprennent seulement l'anglais.

5. Les chansons qu'on entend à la radio au Québec montrent

   a. _____ la pluralité—et l'égalité—des cultures.

   b. _____ le monopole anglais.

6. Les Français qui ont grandi au Québec ont l'habitude d'appeler les Anglais

   a. _____ des «blocks».

   b. _____ des «têtes carrées» (*square*).

7. Quand il était petit, Michel

   a. _____ allait dans une école primaire anglaise.

   b. _____ se battait tout le temps avec les enfants de l'école anglaise.

8. Michel pense que

   a. _____ le multilinguisme est plus difficile que le multiculturalisme.

   b. _____ le multiculturalisme pose plus de problèmes que le multi-linguisme.

9. Selon Michel, le racisme vient

    a. _____ d'un manque (*lack*) de respect.

    b. _____ des rapports majoritaires-minoritaires.

10. Michel pense qu'il faut

    a. _____ éliminer les quatre races traditionnelles.

    b. _____ former une cinquième race.

11. On devient capable de «fusionner» (faire fusion, s'unir) si

    a. _____ on communique.

    b. _____ on a un bagage culturel multiple.

12. «S'enrichir auprès des autres cultures», c'est

    a. _____ apprendre la langue et la culture des autres.

    b. _____ profiter (*take advantage*) de leurs ressources économiques.

4 Listen to the conversation a final time to answer the following questions about (a) the conversation you just heard and (b) your own experience and opinions.

    1. a. Quand est-ce que Michel se sent minoritaire, par exemple?

        _____

    b. Est-ce qu'il vous arrive de vous sentir minoritaire? Dans quelles circonstances?

        _____

        _____

    2. a. De quoi Michel parle-t-il quand il dit que «c'est difficile d'en sortir»?

        _____

    b. Y a-t-il d'autres circonstances ou habitudes dont il est «difficile de sortir»? Donnez un exemple, personnel ou autre.

        _____

        _____

    3. a. Quelle est cette cinquième race dont Michel parle?

        _____

b. Pensez-vous que ce soit possible d'avoir une race comme cela? Pourquoi/pourquoi pas?

_____

_____

◼ Activités de compréhension

A. Qui l'a dit?   You'll hear several statements that could be attributed to the people in the pictures that follow. Match each statement with the person most likely to have said it by writing the number of the statement under the appropriate picture. The first one has been done for you.

a. _____

b. _____

c. _____1_____

d. _____

B. Fait? Opinion? Listen to the following statements of opinion and decide if the opinion is expressed using the subjunctive or using an infinitive. Circle your answer.

➡ *You hear:* Le gouvernement doit arrêter la pollution.
You circle: subjunctive (infinitive)

1. subjunctive   infinitive

2. subjunctive   infinitive

3. subjunctive   infinitive

4. subjunctive   infinitive

5. subjunctive   infinitive

6. subjunctive   infinitive

7. subjunctive   infinitive

8. subjunctive   infinitive

C. Quel verbe? You will hear a series of statements introduced by certain expressions you may not have studied in this chapter. Some of them are followed by the subjunctive and others are not. Listen carefully to the sentences and write the form of the given verb that you hear.

➡ *You hear:* Je ne suis pas sûr que nous puissions sauver la forêt.
You see: pouvoir
You write: puissions

1. pouvoir _____

2. vouloir _____

3. comprendre _____

4. devoir _____

5. être _____

6. faire _____

7. finir _____

8. être _____

D. Il faut/Il ne faut pas. You will hear a series of factual statements. Repeat the sentence using the subjunctive mood and the expression indicated. Then listen to verify your answers.

> ➡ *You hear:* On reconnaît les problèmes écologiques.
> *You see:* Il faut
> *You say:* Il faut qu'on reconnaisse les problèmes écologiques.
> *You verify:* Il faut qu'on reconnaisse les problèmes écologiques.

1. il faut

2. il faut

3. il faut

4. il faut

5. il ne faut pas

6. il ne faut pas

7. il ne faut pas

8. il ne faut pas

E. Que faire? Monique has an opinion on every topic and a solution for every problem. You will hear a series of questions her friends have asked her. First listen to the questions, and then answer for Monique using the cues given. Listen to verify her responses.

> ➡ *You hear:* Que penses-tu des problèmes des sans-abri?
> *You see:* Il faut / tout le monde / avoir un logement
> *You say:* Il faut que tout le monde ait un logement.
> *You verify:* Il faut que tout le monde ait un logement.

1. il est temps / le gouvernement / bâtir de nouveaux logements
2. il faut / on / se mobiliser
3. je voudrais / tout le monde / s'intéresser à leur situation
4. j'aimerais / on / être plus tolérant des différences
5. il est nécessaire / tout le monde / avoir le droit à la différence
6. il ne faut pas / nous / fermer les frontières

F. Dictée. Michel is worried about his friend, Richard, a student activist who engages in numerous demonstrations and protest marches. First listen as Michel expresses his concern to Richard. Then, listen as many times as necessary in order to complete the paragraph with the missing words. When you finish the paragraph, answer the question that follows.

Tu _____ tout ton temps à _____ pour ou contre

une cause ou une autre. Maintenant il _____ _____ tu

_____ le temps de _____ un peu. Tes amis regrettent

beaucoup _____ tu _____ si occupé par toutes ces

_____ . Oui, _____ _____ qu'il y

_____ de la pollution. Je suis d'accord, c'est _____

que tant de gens _____ dans la _____ . Et je suis

_____ que la _____ _____ . Mais,

tu ne _____ _____ , tu ne _____ plus!

J'_____ _____ _____ que tu _____

malade. Il est _____ que tu _____ à te reposer. Il

_____ t'intéresser à d'autres choses aussi. Il y a autre chose que des

_____ dans le monde. Il y a des _____ , des

_____ , de l' _____ ! Il _____ que tu _____

une _____ personnelle, quoi!

Quel est le problème de Richard? Quelle solution est-ce que Michel propose?

_____

_____

Video Manual

Module 1

Faire connaissance

Objectifs

In Module 1 you learn about greeting people and making introductions in French. After viewing the video and completing the activities, you will know how to introduce yourself, and you will be able to meet and greet others in French.

Préparez-vous!

A. Présentations. Before viewing, look at this photo from Module 1. Fatima, a college student, is introducing two friends to each other. Think about what you already know about greetings and introductions. Write down four vocabulary words that Élisabeth and her friends might use during their conversation.

1. _____   3. _____

2. _____   4. _____

B. Le contexte. In order to get the most out of the video, you need to use all possible clues to understand what the characters are saying. Since you know that the people in the scene are college students, you can probably guess logically at the following questions. Check all logical responses for each one.

1. What do you think Fatima will tell Élisabeth when introducing Nicolas?

    a. _____ How much money his family has.

    b. _____ Where she met him.

    c. _____ What he ate for breakfast.

2. What is Élisabeth likely to say to Nicolas when she greets him?

a. _____ Enchantée.

b. _____ S'il te plaît.

c. _____ Bonjour.

d. _____ Je vous en prie.

3. Which of the following topics will the three students most likely discuss?

a. _____ The weather.

b. _____ The latest political scandal.

c. _____ Classes and teachers.

d. _____ Last night's soccer game.

4. What kind of mood do you expect they'll be in?

a. _____ Friendly.

b. _____ Relaxed.

c. _____ Argumentative.

d. _____ Complaining.

5. When the students discuss their classes, which of the following expressions are you likely to hear?

a. _____ Je suis malade.

b. _____ Et le prof, il est comment?

c. _____ Comment s'appelle-t-il?

d. _____ Tu es français, alors?

■ Regardez!

Introduction (00:00:00 – 00:01:15)

C. Comprenez-vous? First watch only the very beginning of the video and listen to Élisabeth's introduction. Choose the answer from the list provided that best completes each of the following sentences.

Aix-en-Provence	belge	Gautier
la chambre	Maroc	la médecine

1. Elle s'appelle Élisabeth _____ .

2. Élisabeth est _____ .

3. Elle est étudiante à _____ .

4. Elle étudie _____ .

5. Sa copine Fatima a _____ à côté.

6. Fatima est du _____ .

Impressions (00:01:16 – 00:01:45)

D. Les gestes. Watch the series of images that show people greeting one another (00:01:21 – 00:01:45) and check the things in the following list that you see them do.

Who engages in the greetings

1. _____ students/friends

2. _____ colleagues

3. _____ family members

How they greet each other

a. kiss on the cheeks
b. slap each other on the back
c. hug
d. shake hands

Interaction (00:01:46 – 00:03:48)

E. La visite. With the sound off, watch the entire scene in which Fatima and Nicolas pay a visit to Élisabeth. Indicate who does each of the following actions by writing the first letter of the person's name (**F, N,** or **É**) in the blank.

1. _____ opens the door.

2. _____ and _____ kiss on the cheeks.

3. _____ introduces Nicolas.

4. _____ and _____ shake hands.

5. _____ and _____ sit on the couch.

6. _____ sits in the armchair.

7. _____ offers chocolates to the others.

8. _____ accepts a chocolate.

9. _____ refuses a chocolate.

10. _____ and _____ go to the door.

F. Les expressions importantes. Watch the segment again, this time with the sound on, and listen for the following words and expressions. Check the ones you hear.

____ je suis allergique   ____ comment allez-vous?   ____ enfin, c'est une dame

____ salut   ____ à votre service   ____ on y va

____ je vous en prie   ____ je n'aime pas

G. Les descriptions. Watch the scene again and fill in the following chart by checking all the names that correspond to each category.

Qui est... ?	Fatima	Nicolas	Élisabeth	Mme Berthaud (la prof)
1. en cours de sociologie				
2. français(e)				
3. belge				
4. marocain(e)				
5. étudiant(e)				
6. d'Aix-en-Provence				
7. en première année d'architecture				
8. très active et énergique				
9. assez grande avec des cheveux bruns				
10. le guide				

Interviews (00:03:49 – 00:05:34)

H. Comment vous appelez-vous? / Comment t'appelles-tu? Play the interview segment with the first two questions and the people's responses (00:03:55–00:03:59). Check the names that you hear in the following list.

____ Charles   ____ Christine   ____ Albert   ____ Deva

____ Audé   ____ Julie   ____ Hélène   ____ Maître Jaffari

____ Michel-Yves   ____ Emmanuel   ____ Marina

____ Marie   ____ Laurence   ____ Catherine

I. Comment ça s'écrit?   Listen to the third segment where four people spell their names. Complete the spellings that you hear.

1. Deva V A ___ ___ I ___

2. ___ A ___ A L ___

3. G ___ ___ ___ ___ ___

4. ___ I N ___ E ___ ___ I

J. D'où êtes-vous?   Watch the interview segment with the last question and listen to the responses to it (00:04:59–00:05:27). Then answer the following questions.

Audé   **Christine**   **Emmanuel**

José   **Laurence**

1. Qui est provençale? _____

2. Qui a une mère (*mother*) française et un père (*father*) du Togo? _____

3. Qui est d'Avignon depuis toujours? _____

4. Qui est d'Île-de-France? _____

K. Et vous?   Listen carefully to the question Élisabeth asks you at the end of the interview section (00:05:28) and write it down. Then, answer the question.

Question: _____

Réponse. _____

▮ Récapitulez!

L. La culture.   Let's review some of the things you've learned about French culture by watching the video. You may have noticed some nuances without even realizing it. Try to answer the following questions. If necessary, review Module 1.

1. What gesture do the French use when greeting friends and family members?

_____

2. What gesture do the French use when greeting colleagues, acquaintances, or

strangers? _____

3. When spelling a name that has double letters, what do French speakers say?

_____

4. What gesture accompanies the expression **Non, merci?** _____

Module 2

La famille de Nicolas

Objectifs

In Module 2 you learn how to talk about families in French. You learn how to describe family members and relationships and talk about various leisure activities.

Préparez-vous!

A. Présentations. Study this photo from Module 2, in which Nicolas is introducing Élisabeth to his mother. Then, answer the following questions.

1. What do you think the people might be saying? Write at least three expressions in French you would expect to hear during this introduction.

   _____

   _____

   _____

2. Do you think Nicolas's mother and Élisabeth will address each other using the **tu** form or the **vous** form? Why? _____

   _____

3. Where do you think these people are? _____

   _____

4. Which of the following subjects are they most likely to talk about?

a. _____ classes and teachers   **c.** _____ the weather

b. _____ their families   **d.** _____ other: _____

▌ Regardez!

Introduction (00:05:35 – 00:05:58)

B. Comprenez-vous? First watch only the beginning of the video and listen to Élisabeth's introduction. Then, check the answer that best completes each of the following sentences.

1. Élisabeth est

   a. _____ chez elle.

   b. _____ chez ses parents.

   c. _____ chez les parents de Nicolas.

2. C'est

   a. _____ vendredi (*Friday*).

   b. _____ le week-end.

   c. _____ un jour de fête (*holiday*).

3. Élisabeth va faire la connaissance

   a. _____ du père de Nicolas.

   b. _____ de la mère de Nicolas.

   c. _____ de la famille entière de Nicolas.

Impressions (00:05:59 – 00:06:26)

C. En famille. Watch the montage of images that follows Élisabeth's introduction. In the following list, check the five types of family activities you see:

_____ taking a stroll   _____ watching a sporting event

_____ wedding procession   _____ riding a merry-go-round

_____ funeral procession   _____ eating dinner

_____ preparing a meal   _____ shopping

_____ relaxing at an outdoor café   _____ watching TV

_____ playing sports   _____ eating breakfast

Which of the activities you saw in the montage do you do with your family?

_____

_____

Interaction (00:06:27 – 00:09:26)

D. Que voyez-vous? (*What do you see?*)   Watch the scene and check the actions you see.

1. _____ Nicolas carries in a tray of refreshments.

2. _____ Nicolas offers Élisabeth something to eat.

3. _____ Élisabeth and Nicolas look at a photo album.

4. _____ Élisabeth and Nicolas look at a map of France.

5. _____ Nicolas introduces Élisabeth to his mother.

6. _____ Nicolas introduces Élisabeth to his mother and father.

E. Écoutez bien!   Now watch the scene again and indicate who makes each of the following statements by checking the appropriate column.

	Élisabeth	Nicolas	La mère de Nicolas
1. J'aime passer mon temps en famille.	_____	_____	_____
2. On regarde ensemble. C'est vraiment sympa.	_____	_____	_____
3. Pas la télé? Mais c'est horrible, ça!	_____	_____	_____
4. Par contre, nous écoutons beaucoup de musique.	_____	_____	_____
5. Et mon père adore les documentaires...	_____	_____	_____
6. Alors vous êtes huit en tout?	_____	_____	_____
7. C'est la photo de la fête pour les quarante ans de mariage...	_____	_____	_____
8. Ils ont l'air vraiment bien.	_____	_____	_____
9. Ils sont toujours aussi heureux ensemble.	_____	_____	_____
10. C'est beau ça! C'est toute une vie!	_____	_____	_____

F. Vrai ou faux? Decide whether each of the following statements is true (**vrai**) or false (**faux**). Write **V** or **F** and rewrite any false statements to make them true.

➡ _F_ Nicolas aime travailler le week-end.

Nicolas aime passer le week-end en famille.

1. _____ Nicolas aime regarder les films à la télé avec sa mère.

   _____

2. _____ La famille d'Élisabeth n'a pas de livres.

   _____

3. _____ Élisabeth aime écouter la musique.

   _____

4. _____ La famille de Nicolas aime discuter de leurs livres préférés.

   _____

   _____

5. _____ Le frère de Nicolas aime regarder les documentaires sur la science et la nature.

   _____

   _____

6. _____ Élisabeth a une sœur et deux frères.

   _____

7. _____ Il y a trois personnes dans la famille d'Élisabeth.

   _____

8. _____ Les parents du père de Nicolas sont mariés depuis quarante ans.

   _____

9. _____ La sœur d'Élisabeth s'appelle Annette.

   _____

G. Vive la différence! The people interviewed in these segments have many different kinds of families. Listen to what they say and match each person with the appropriate family description below. Write the letter of the description under the appropriate picture.

Patrick

1. _____

Christine

2. _____

McJaffari

3. _____

Christine

4. _____

Audé

5. _____

Pierre

6. _____

Claudine

7. _____

Daniel

8. _____

Françoise

9. _____

a. Cette personne a une femme, mais pas d'enfants.
b. Cette personne a une femme, une grande fille, deux garçons et une petite fille.
c. Cette personne a deux filles et attend (*is expecting*) un autre bébé au mois de février.
d. Cette personne a une femme et deux enfants: un garçon et une fille.
e. Cette personne est mariée avec deux enfants qui sont déjà grands et qui habitent (*live*) dans la région parisienne.
f. Cette personne est célibataire (*single*).
g. Cette personne a des parents unis.
h. Cette personne a trois enfants: un garçon et deux petites filles.
i. Cette personne a une fille de huit ans et un garçon de onze ans qui vont à l'école.

H. Et vous?   At the end of the interview, Élisabeth asks you a question. Write her question and then give your response.

Question: _____

_____

Réponse: _____

_____

▮ Récapitulez!

I. La télévision.   Look at the following television listing and match the program names with the program types on the following page.

TF1	A2	CANAL+
16.30 Ordinacœur Jeu présenté par Nathalie Galan et Bernard Montiel. Trois candidats et trois candidates doivent répondre aux questions indiscrètes d'un ordinateur qui découvre les couples les plus compatibles, et, pourquoi pas, le couple idéal. **18.55 Santa Barbara** DISTRIBUTION: Lane DAVIES, Nicholas COSTER, Marcy WALKER. Sixième épisode. **19.25 La roue de la fortune** Présenté par Christian Morin. **20.00 Journal** Présenté par Patrick Poivre D'Arvor.	**17.10 Flash d'informations** **17.15 Graffitis 5-15** Présenté par Groucho et Chico. • «La Panthère rose: Pink Valient» • «La Petite Merveille: Qui commande ici!» **20.30 Météo 1. 2. 3-Soleil**	**17.25 Vas-y Julie!** Trente-cinquième épisode. **17.10 Les allumés du sport** LE COUREUR DU DÉSERT (Rediffusion.) Réalisé par Marc Chapman. Un jeune anglais de vingt-quatre ans, Gary Shopland a tenté le pari fou de traverser en courant une partie du désert de la vallée de la Mort, l'un des endroits les plus chauds de l'hémisphère occidental, situé dans la partie est de la Californie. Trois spécialistes de l'endurance physique et psychologique l'ont suivi. **12.30 La Petite Maison dans la prairie**

1. a comedy _____

2. a word game _____

3. a dating game _____

4. a family show _____

5. a series (2) _____

_____

6. a weather report _____

7. a news show (2) _____

_____

Module 3

Un logement à Aix

■ Objectifs

In Module 3 you learn about types of housing in France. You learn how to read ads describing available housing and practice giving and following directions.

■ Préparez-vous!

A. Où trouver un logement?   Study this photo from Module 3 of three college students reading housing ads and consulting the map of Aix-en-Provence. Then do the activities that follow.

1. Check the words in the following list that you think the students are likely to use when they talk about housing.

   _____ en face de   _____ tournes   _____ privé   _____ meublé

   _____ à gauche   _____ à droite   _____ loin de   _____ au coin

2. First indicate the kind of lodging you consider **"idéal"** for a student. Then rank the following characteristics in order of importance. (1 = most important; 6 = least important)

   Je préfère   _____ une chambre   _____ un studio   _____ un appartement

   _____ près de la fac.   _____ dans un bon quartier (*neighborhood*)..

   _____ économique (pas cher).   _____ près de mes amis.

   _____ meublé(e).   _____ spacieux(euse).

Regardez!

Introduction (00:11:12 – 00:11:34)

B. Comprenez-vous? First watch only the beginning of Module 3 and listen to Élisabeth's introduction. Then check the best completion for each of the following sentences.

1. Selon (*According to*) Élisabeth, Flore est la copine

    a. _____ de Nicolas.

    b. _____ d'Élisabeth.

    c. _____ de Fatima.

2. Flore vient

    a. _____ de Saint-Paul.

    b. _____ de Saint-Égal.

    c. _____ du Sénégal.

3. Flore cherche

    a. _____ une voiture à Aix.

    b. _____ un logement.

    c. _____ une camarade de chambre.

4. Les trois étudiantes consultent

    a. _____ le journal.

    b. _____ les magazines d'étudiants.

    c. _____ les annonces au Centre universitaire.

Impressions (00:11:35 – 00:12:15)

C. Chez soi. (*At home.*)   Watch the montage that follows Élisabeth's introduction and check the various things you see in the following lists.

À l'extérieur

____ modern apartment building   ____ street sign

____ patio   ____ brick building

____ French flag on a house   ____ wooden house

____ balcony   ____ stone house

____ shutters on windows   ____ garden

À l'intérieur

____ couloir (*hallway*)   ____ salle de bains

____ cuisine   ____ salle à manger

____ salon   ____ chambre à coucher

Interaction (00:12:16 – 00:14:22)

D. Que voyez-vous?   Watch the scene and check which student(s) is (are) being described in each of the following statements.

	Élisabeth	Flore	Fatima
1. Elle consulte le journal.	____	____	____
2. Elle indique la direction sur le plan de la ville.	____	____	____
3. Elle écrit (*writes*) des mots sur une feuille de papier.	____	____	____
4. Elle indique où est le téléphone.	____	____	____
5. Elle téléphone à quelqu'un.	____	____	____

E. Comprenez-vous?   Watch the scene again and choose the best answer for each of the following questions.

1. Pourquoi est-ce que Flore préfère une chambre?

    a. _____ Une chambre est plus économique.

    b. _____ Une chambre est plus privée.

    c. _____ Une chambre est meublée.

2. Combien coûte la chambre que Fatima trouve dans l'annonce?

    a. _____ 500 F.

    b. _____ 1 200 F.

    c. _____ 1 500 F.

3. Quelle est l'adresse de la chambre?

    a. _____ 23, rue Louvain.

    b. _____ 25, rue Pierre et Marie Curie.

    c. _____ 22, rue Loubet.

4. Quel est le numéro de téléphone de la propriétaire?

    a. _____ 04.24.34.46.35

    b. _____ 04.42.34.46.35

    c. _____ 04.42.35.47.36

5. Qu'est-ce qu'Élisabeth demande à Flore quand elle va téléphoner?

    a. _____ Si elle a une carte.

    b. _____ Où se trouve le téléphone.

    c. _____ Si elle a une télécarte.

F. Qui le dit? Watch the scene once again and listen for the following key phrases. First, indicate the order in which the phrases are said by writing the numbers 1–8 in the blanks at the left. Then listen again and indicate who says each phrase by checking the appropriate column at the right.

		Fatima	Flore	Élisabeth
1.	_____ C'est bien placé, près du centre aussi.	_____	_____	_____
2.	_____ Tu sors, tu tournes à droite.	_____	_____	_____
3.	_____ Chambre meublée dans [une] maison privée...	_____	_____	_____
4.	_____ Je peux lui parler?	_____	_____	_____
5.	_____ Regardons sur le plan de la ville.	_____	_____	_____
6.	_____ Voyons si j'ai bien compris...	_____	_____	_____
7.	_____ ... c'est idéal! Chouette alors!	_____	_____	_____
8.	_____ ... c'est assez près de la fac?	_____	_____	_____

G. Voyons si j'ai bien compris... Listen to the part of the conversation in which Flore writes down the directions from Élisabeth and Fatima's dorm to the room she hopes to rent, and trace her route on this map. The asterisk (*) marks her starting point.

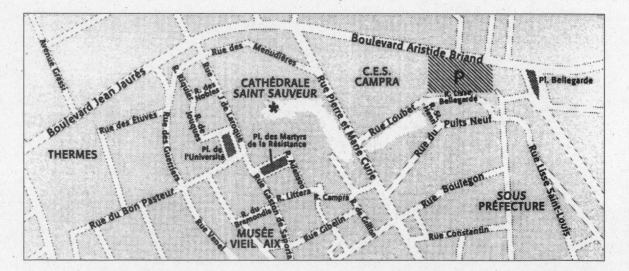

Interviews (00:14:23 – 00:16:04)

H. Le mode de vie.   Watch the interview segment of Module 3 and listen as some people describe their living arrangements. Then, for each person shown below, list the letters of *all* the descriptions that apply.

   a. habite chez ses parents
   b. habite à Paris
   c. n'habite pas à Paris
   d. habite dans une maison
   e. habite dans un appartement
   f. habite avec son copain

Patrick

1. _____

Claire

2. _____

Jamal

3. _____

José

4. _____

Michel-Yves

5. _____

Sophie

6. _____

Frédéric

7. _____

Mlle Robillard

8. _____

I. Que disent-ils? Watch the interview segment again and complete each sentence below with the appropriate word from the list provided. Some words can be used more than once.

José   **Patrick**   **Audé**

Alphonse   **Natalie**   **Michel-Yves**

appartement	maison	surtout (*especially*)	près	pollué
agréable	Opéra	quitter (*to leave*)	tellement (*so much*)	campagne
vacances				

1. José Rodriguez pense que Paris devient beaucoup trop bruyant et beaucoup trop _____ .

2. Patrick Écoutant habite Paris, _____ de la Bastille, _____ du nouvel _____ de la Bastille.

3. Audé Vincenti habite dans un _____ dans une _____ de famille.

4. Alphonse Legrand a une maison de _____ où il passe toutes ses _____ .

5. Natalie habite à cinquante kilomètres d'ici dans la _____ .

6. Michel-Yves pense qu'habiter en ville a des avantages, _____ à Beaune, qu'il trouve une ville _____ .

7. Patrick croit qu'il n'arrive pas à _____ Paris _____ il l'aime.

J. Et vous? Watch the very last part of Module 3 in which Élisabeth asks you a question. Write her question and then answer it as best you can.

Question: _____

Réponse. _____

▌ Récapitulez!

K. Une lettre. Read the letter that Flore wrote to her parents about her new lodging and answer the questions that follow.

Aix, le 22 août

Chers Maman et Papa,

    Hier, j'ai trouvé un logement qui me plaît beaucoup. C'est une chambre dans une maison particulière. J'ai une salle de bains privée. La chambre est spacieuse avec quatre grandes fenêtres. J'ai une vue de la cathédrale qui est très belle et une vue de la gare aussi. Il y a un fauteuil, un grand lit, un plac-ard et une table avec une chaise où je peux étudier.

    La propriétaire est une gentille femme qui s'appelle Mme Peltier. Elle a deux enfants, une fille, Sophie, qui a 11 ans, et un garçon, Michel, qui a 9 ans. Mme Peltier demande si je peux garder les enfants de temps en temps. Elle va me payer pour ça. M. Peltier voyage souvent pour son travail.

    La maison est près de la fac et près du centre aussi, donc, c'est idéal pour moi. Vous pouvez m'écrire à 22, rue Loubet.

    Je vous embrasse,

        Flore

---

1. Quels meubles sont dans la chambre que Flore loue?

_____

2. Qu'est-ce que Flore voit (*sees*) par la fenêtre?

_____

3. Comment s'appellent la propriétaire et ses deux enfants?

_____

4. Qu'est-ce que Flore va faire de temps en temps pour aider la propriétaire?

_____

Module 4

À l'université

Objectifs

In Module 4, you hear about classes, course loads, and fields of study in French universities, and you learn how to describe your own academic experience.

▣ Préparez-vous!

A. Les études. Regardez la photo et cochez (*check*) la (les) meilleure(s) réponse(s) aux questions suivantes.

1. Où sont Élisabeth et Nicolas?

   a. _____À la faculté.

   b. _____En cours.

   c. _____À la bibliothèque.

2. Qu'est-ce qu'ils font là-bas?

   a. _____Ils font leurs devoirs.

   b. _____Ils parlent de leurs études.

   c. _____Ils font des courses.

3. Quel est le sujet de leur conversation?

   a. _____ Les cours.

   b. _____ Les examens.

   c. _____ Le week-end.

B. En bref. Les jeunes Français utilisent souvent des abréviations. Indiquez le mot entier pour les abréviations suivantes.

1. sympa _____   **6.** la philo _____

2. la télé _____   **7.** la géo _____

3. le labo _____   **8.** la fac _____

4. le basket _____   **9.** le prof _____

5. les maths _____   **10.** les sciences po _____

C. Les matières. Cochez les cours que vous avez déjà suivis (*already taken*) ou que vous suivez maintenant.

_____ l'italien   _____ l'architecture   _____ l'histoire de l'art   _____ le dessin

_____ l'allemand   _____ la sociologie   _____ la philosophie   _____ la biologie

_____ les maths   _____ la chimie

▪ Regardez!

Introduction (00:16:05 – 00:16:31)

D. Comprenez-vous? D'abord, regardez seulement le début (*beginning*) de la séquence vidéo et écoutez l'introduction d'Élisabeth. Puis, complétez les phrases suivantes.

1. Élisabeth et Nicolas sont à _____.

2. Élisabeth fait ses devoirs pour son cours de _____.

3. Élisabeth travaille à un projet de _____.

4. Nicolas étudie pour son cours d'_____.

Impressions (00:16:32 – 00:17:07)

E. À la fac.

    1. Avant de regarder le montage, lisez la liste suivante et cochez les choses qui se trouvent sur votre campus.

        _____ une machine à photocopier   _____ une banque

        _____ des magazines   _____ des étudiants

        _____ des livres   _____ une fontaine

        _____ une salle de classe   _____ une librairie

        _____ un lecteur de CD   _____ un stylo

        _____ un vélo   _____ une bibliothèque

        _____ un professeur   _____ un téléphone

        _____ un ordinateur   _____ un bureau de poste

        _____ un jardin

    2. Maintentant, regardez le montage et cochez une deuxième fois les choses que vous voyez sur le campus français.

Interaction (00:17:08 – 00:19:41)

F. **J'en ai marre!** (*I'm fed up!*)   Regardez la séquence vidéo et répondez aux questions.

    1. Qui en a assez de travailler?

        _____ Nicolas   _____ Élisabeth

    2. Vont-ils continuer à travailler un peu? _____ Comment le savez-vous?

    _____

G. Vérifiez!   Regardez encore la séquence vidéo. Qui fait les choses suivantes?
Écrivez **É** pour Élisabeth ou **N** pour Nicolas.

1. _____ a des examens tout le temps.

2. _____ doit (*must*) étudier le Moyen Age (*Middle Ages*).

3. _____ étudie deux langues étrangères.

4. _____ ne doit pas s'inquiéter (*worry*) pour trouver du travail (*work*) après
avoir reçu le diplôme.

5. _____ a un prof qui voyage beaucoup.

H. Cours.   Regardez encore l'activité C (page 309) en écoutant la séquence vidéo.
Entourez d'un cercle les cours mentionnés par Nicolas et Élisabeth.

I. Combien?   Voici quelques phrases de la conversation entre Élisabeth et
Nicolas. Complétez les phrases avec les numéros que vous entendez (*hear*).

1. Élisabeth travaille à sa biologie depuis _____ heures.

2. Il est déjà _____ heures.

3. Élisabeth a _____ heures de cours par semaine, mais Nicolas a

_____ heures de cours par semaine.

4. Nicolas a _____ cours.

5. Nicolas a _____ cours de langue.

6. Élisabeth doit faire _____ ans d'études pour avoir son diplôme.

J. Avez-vous remarqué? (*Did you notice?*)   When Nicolas talks about the different
classes he takes, he counts them off on his fingers. French speakers count on
their fingers differently than English speakers.

1. Which finger does he use to begin counting? _____

2. With what two fingers does he indicate "two"? _____

Interviews (00:19:42 – 00:21:13)

K. Les cours. Observez les gens qui parlent de leurs études et indiquez qui étudie quoi. Pour chaque personne dans la colonne de gauche, écrivez les lettres des deux descriptions à droite qui correspondent.

Carina

Antoine

Françoise

Magali

Sophie

1. _____ _____ Carina

2. _____ _____ Antoine

3. _____ _____ François

4. _____ _____ Magali

5. _____ _____ Sophie

a. fait des études scientifiques.
b. étudie l'électronique et l'électrotechnique.
c. veut étudier la psychiatrie.
d. étudie les mathématiques, la physique et la chimie.
e. étudie à la faculté de médecine à Descartes.
f. veut être psychologue pour les enfants.
g. espère devenir technicien supérieur en électrotechnique.
h. veut être professeur à la fac ou chercheur (*researcher*) dans le CNRS*.
i. voudrait bien travailler dans la génétique et faire de la recherche.
j. a des cours de français, de maths, d'histoire, de géo, de sciences physiques et de philo.

---

*CNRS = Centre national de la recherche scientifique.

L. Et vous? À la fin des interviews avec des gens dans la rue, Élisabeth vous pose une question. Écrivez sa question et répondez-y.

Question: Alors, dites-moi, _____

Réponse: _____

_____

█ Récapitulez!

M. Questions personnelles. Répondez aux questions suivantes avec des phrases complètes.

1. Quel est votre cours préféré? _____

2. Quel sujet est le plus facile (*easy*) pour vous? _____

3. Quel cours vous donne le plus de travail? _____

4. Quelle est votre spécialisation (*major*)? _____

Pourquoi? _____

5. Qu'est-ce que vous considérez important dans le choix d'une profession?

_____

_____

Module 5

Au restaurant provençal

Objectifs

Module 5 covers a topic that is very dear to the French: food. You learn about different foods and menus as well as about various places to shop for food. You also learn about the different courses in a French meal and practice ordering a meal in a restaurant.

■ Préparez-vous!

A. Au restaurant. Regardez la photo et répondez aux questions qui suivent.

1. Qui sont les clientes? _____

2. Qui est la troisième personne sur la photo? _____

3. Quel genre de restaurant est-ce?

    a. _____ Un restaurant très chic.

    b. _____ Un restaurant moyen (*average*).

    c. _____ Un restaurant universitaire.

4. Que dit le serveur aux clientes, à votre avis?

    a. _____ Mesdemoiselles, que voulez-vous?

    b. _____ Mesdemoiselles, que désirez-vous?

    c. _____ Mesdemoiselles, où dînez-vous?

5. Quelle réponse serait (*would be*) la plus polie (*polite*)?

    a. _____ Je veux de la soupe, s'il vous plaît.

    b. _____ Je voudrais de la soupe, s'il vous plaît.

    c. _____ De la soupe!

▪ Regardez!

Introduction (00:21:14 – 00:21:36)

B. Comprenez-vous? Regardez l'introduction et écoutez Élisabeth. Répondez aux questions suivantes.

    1. Avec qui est Élisabeth? _____

    2. Où sont-elles?

        a. _____ Au restaurant.

        b. _____ Au restaurant universitaire.

        c. _____ Au café.

    3. Qu'est-ce qu'elles veulent faire?

        a. _____ Prendre le petit déjeuner.

        b. _____ Prendre un bon repas.

        c. _____ Boire un café.

Impressions (00:21:37 – 00:22:06)

C. Mettez les mots dans l'ordre! Indiquez dans quel ordre (1–7) dans le montage vous voyez les choses suivantes.

_____ le fromage   _____ la viande

_____ les carottes   _____ les raisins (*grapes*)

_____ les haricots verts   _____ le pain

_____ les desserts

D. Chez vous. Est-ce que votre famille fait les courses de la même manière (*in the same way*) que les gens que vous voyez dans la vidéo? Comment est-ce pareil ou différent?

_____

_____

Interaction (00:22:07 – 00:24:08)

E. Que voyez-vous? Regardez la séquence vidéo et indiquez si les phrases suivantes sont vraies (**V**) ou fausses (**F**).

1. _____ Il y a deux verres devant chaque cliente.

2. _____ Elles sont les seules (*only*) clientes dans le restaurant.

3. _____ Le serveur explique quelques plats aux jeunes filles.

4. _____ Élisabeth et Fatima choisissent facilement (*easily*) ce qu'elles veulent manger.

5. _____ Élisabeth et Fatima se disputent (*argue*) pendant (*during*) le repas.

F. Écoutez! Regardez encore cette séquence vidéo. Encerclez les choix d'Élisabeth et soulignez les choix de Fatima.

❧ *Menu prix fixe* ❧

Pour commencer:

soupe au poisson   OU   le pistou[1]

Plats:

thon[2] à la provençale   OU   poulet aux herbes

Desserts:

tarte au citron   OU   fraises à la crème   OU   roquefort

Boissons:

Perrier   ❧   vin rouge   ❧   vin blanc

---

1. soupe aux légumes   2. *tuna*

Interviews (00:24:09 – 00:25:56)

G. À chacun son goût! *(To each his own!)*   Regardez les interviews et indiquez la personne qui correspond à chaque description.

Audé   **Hélène**   **Natalie**

	Audé	Hélène	Natalie
1. Cette personne fait une cuisine assez traditionnelle.	____	____	____
2. Cette personne prend du lait et du café pour le petit déjeuner.	____	____	____
3. La famille de cette personne emploie quelquefois «la méthode américaine» pour faire un repas: chaque personne prend dans le frigo quelque chose qui lui plaît.	____	____	____
4. Le soir, cette personne prend un repas léger *(light)*—une soupe ou une salade, avec du fromage.	____	____	____
5. Cette personne habite à côté du restaurant universitaire.	____	____	____
6. Les enfants de cette personne prennent souvent des céréales avec du lait pour le petit déjeuner.	____	____	____

H. Et vous?   À la fin des interviews, Élisabeth vous pose une question. Écrivez sa question et votre réponse.

Question: _____

Réponse: _____

Récapitulez!

I. Expression personnelle. Êtes-vous gourmand(e)? (*Do you love to eat?*) Indiquez vos goûts à propos des choses suivantes.

1. Quelle est votre cuisine préférée? Indiquez l'ordre de vos préférences: 1 = vous aimez le mieux (*best*); 7 = vous aimez le moins (*least*).

Je préfère la cuisine...

_____ chinoise   _____ grecque (*Greek*)   _____ vietnamienne

_____ américaine   _____ française   _____ autre: _____

_____ japonaise   _____ italienne

2. Comment s'appelle votre restaurant préféré? _____

3. Quelle boisson prenez-vous d'habitude avec votre dîner? _____

4. Quel repas est le plus important pour vous?

     a. _____ Le petit déjeuner.

     b. _____ Le déjeuner.

     c. _____ Le dîner.

5. Aimez-vous faire la cuisine? _____

Pourquoi ou pourquoi pas? _____

_____

Module 6

Il pleut!

Objectifs

In Module 6 you learn to talk about leisure activities. You see and hear about some of the most popular pastimes in France, and you may notice some differences between French and American ideas of leisure activities. After watching the video and doing the exercises, you will be able to talk about things you like to do when you have free time.

■ Préparez-vous!

A. Devinez! Regardez la photo. Qu'est-ce que ces étudiants discutent, à votre avis?

1. _____ Ce qu'ils veulent prendre comme dîner.

2. _____ Ce que Nicolas va acheter pour l'anniversaire de sa mère.

3. _____ S'ils vont aller au cinéma.

4. _____ S'ils vont préparer un examen.

B. Les loisirs. Qu'est-ce que vous aimez faire quand vous avez du temps libre (*free time*)? On vous suggère deux activités. Soulignez l'activité que vous préférez.

Préférez-vous...

1. aller au cinéma ou regarder un film à la télé?

2. danser dans un club ou prendre quelque chose avec un(e) ami(e) dans un café?

3. lire le journal ou un roman?

4. jouer au hockey ou faire du patinage?

5. jouer au base-ball ou regarder un match de base-ball?

6. lire le journal ou regarder le journal télévisé?

■ Regardez!

Introduction (00:25:57–00:26:14)

C. Comprenez-vous? Regardez l'introduction et écoutez Élisabeth. Répondez aux questions suivantes.

1. Avec qui est Élisabeth? _____

2. Quel jour de la semaine est-ce aujourd'hui? _____

3. Quel temps fait-il? _____

Impressions (00:26:15 – 00:26:47)

D. Loisirs. Regardez le montage, et numérotez les activités suivantes dans l'ordre chronologique. Il y a quelqu'un qui...

_____ fait du kickbox.

_____ lit le journal à la terrasse d'un café.

_____ joue à la pétanque (*lawn bowling*).

_____ regarde la télévision.

_____ fait de la natation.

_____ joue au football.

_____ fait une course à pied (*foot race*).

_____ fait de l'escrime (*fencing*).

Interaction (00:26:48 – 00:28:40)

E. Que voyez-vous?   Regardez la séquence vidéo avec Élisabeth, Fatima et Nicolas et complétez les phrases suivantes avec les mots qui conviennent.

Élisabeth	fenêtre	Fatima	journal
regarde	Nicolas	sortir (*go out*)	

1. Les amis sont chez _____ .

2. Élisabeth regarde par la _____ .

3. _____ regarde le journal.

4. _____ étudie le programme de télé.

5. Fatima trouve quelque chose d'intéressant dans le _____ .

6. Élisabeth _____ sa montre (*watch*).

7. Les trois étudiants décident de _____ .

F. Il pleut!   Regardez encore la séquence vidéo, et choisissez la meilleure réponse aux questions suivantes.

1. Qui déteste la pluie?

   a. _____ Élisabeth.

   b. _____ Fatima.

   c. _____ Nicolas.

2. Qui aime regarder la télé?

   a. _____ Élisabeth.

   b. _____ Fatima.

   c. _____ Nicolas.

3. Quel film passe à la télé cet après-midi?

   a. _____ *Jean de Florette.*

   b. _____ *Manon des sources.*

   c. _____ *Le Dernier Métro.*

4. Qui sont les acteurs principaux dans ce film?

   a. _____ Guillaume Depardieu et Anne Brochet.

   b. _____ Philippe Noiret et Nathalie Baye.

   c. _____ Gérard Depardieu et Catherine Deneuve.

5. Pourquoi est-ce que Fatima ne veut pas voir ce film?

   a. _____ Le film n'est pas bon.

   b. _____ Elle a déjà vu (*seen*) ce film trois fois.

   c. _____ Elle n'aime pas les acteurs.

6. Comment s'appelle le film que Fatima trouve dans le journal?

   a. _____ *Manon des sources*.

   b. _____ *Angèle*.

   c. _____ *Jean de Florette*.

7. Qui a écrit le livre sur lequel ce film est basé?

   a. _____ Marcel Pagnol.

   b. _____ Alain Corneau.

   c. _____ François Truffaut.

8. Où se passent (*take place*) généralement les films de Pagnol?

   a. _____ À Paris.

   b. _____ En Provence.

   c. _____ Dans les Pyrénées.

9. À quelle heure commence le film?

   a. _____ À 15h10.

   b. _____ À 13h10.

   c. _____ À 5h10.

10. Qu'est-ce que les trois amis vont faire après?

   a. _____ Prendre quelque chose dans un bar.

   b. _____ Prendre quelque chose dans un café.

   c. _____ Aller à une fête (*party*).

Interviews (00:28:41–00:30:21)

G. Le temps libre. Regardez les interviews, puis indiquez quelle(s) activité(s) de la liste suivante chaque personne aime faire.

a. faire du bateau à voile
b. aller à la montagne et se promener
c. faire du tennis, du patinage artistique, du basketball et de la natation
d. le rugby
e. faire du ski en hiver
f. lire, les filles, la musique
g. aller au cinéma voir des films d'art
h. les sports et les bons films

Stéphanie	Henri	Emmanuel	Michel-Yves
1. _____	2. _____	3. _____	4. _____

François	Christine	Me Jaffari	Marie
5. _____	6. _____	7. _____	8. _____

H. Et vous? Écrivez la question d'Élisabeth et votre réponse.

Question: _____

Réponse: _____

■ Récapitulez!

I. Les préférences. Voici comment les jeunes Français aiment passer leur temps libre. Lisez la liste et répondez aux questions.

aller voir un film au cinéma 15%   jouer à un jeu vidéo 10%
pratiquer un sport 10%   se balader (*stroll*) avec des amis 25%
écouter des CD 10%   regarder la télé 20%
assister à (*attend*) un concert 5%   jouer aux cartes 2%
lire un bon roman 3%

1. Quelle activité est la plus populaire auprès des jeunes Français?

_____

2. Quelle activité les jeunes Français aiment-ils le moins?

_____

3. Les jeunes Français préfèrent-ils faire du sport ou regarder la télé?

_____

4. Préfèrent-ils regarder la télé ou voir un film au cinéma?

_____

5. Pensez-vous que les jeunes Américains aiment les mêmes activités que les jeunes Français? Quelles activités les Américains préfèrent-ils, selon vous?

_____

_____

Module 7

À l'agence de voyages

Objectifs

In Module 7 you learn about traveling in Europe. You see many different modes of transportation. After viewing the video and doing the activities for Module 7, you will be able to talk about your travel plans.

Préparez-vous!

A. Écrivez. Fatima et Élisabeth sont dans une agence de voyages. Écrivez deux questions qu'elles vont peut-être poser à l'agent et deux questions que l'agent va peut-être leur poser.

1. _____

2. _____

3. _____

4. _____

■ Regardez!

Introduction (00:30:22 – 00:30:46)

B. Que dit Élisabeth? Regardez le début de la séquence vidéo et écoutez l'introduction d'Élisabeth. Complétez le passage en écrivant les mots qui manquent.

Bonjour, mes _____ . J'ai rendez-vous avec Fatima à cette

_____ de _____ . Nous _____ avoir des

renseignements pour _____ un séjour à Paris pendant nos

_____ la _____ prochaine.

Impressions (00:30:47– 00:31:18)

C. Que voyez-vous? Regardez le montage et indiquez l'ordre dans lequel vous
voyez les modes de transport suivants.

_____ un camion   _____ une moto

_____ un train   _____ un avion

_____ un métro   _____ un tramway

_____ un autobus   _____ un bateau

Lesquels de ces modes de transport employez-vous régulièrement?

_____

_____

Interaction (00:31:19 – 00:33:27)

D. À l'écoute! Regardez la séquence vidéo, puis indiquez qui dit les phrases
suivantes.

		Élisabeth	Fatima	L'agent
1.	_____ ... partir jeudi matin et revenir à Aix dimanche après-midi...	_____	_____	_____
2.	_____ Et on voudrait trouver un hôtel pas trop cher à Paris...	_____	_____	_____
3.	_____ ... près de la Sorbonne dans le Quartier latin*...	_____	_____	_____

*Dating from the 13th century, the **Sorbonne** is the oldest institution today forming part of the University of Paris. The neighborhood surrounding it, the **Quartier latin,** is popular with young people.

	Élisabeth	Fatima	L'agent

4. _____ ... une chambre à deux lits avec salle de bains. _____ _____ _____

5. _____ Ça n'a pas d'importance! _____ _____ _____

6. _____ Moi, je préfère le train qui part plus tôt (*earlier*). _____ _____ _____

7. _____ Je n'ai pas du tout envie de perdre mon temps dans le train. _____ _____ _____

8. _____ Comme ça, on ne rentre pas trop tard. _____ _____ _____

9. _____ C'est parfait! _____ _____ _____

10. _____ Je vous en prie. (*You're welcome.*) _____ _____ _____

E. Avez-vous compris?   Regardez encore la séquence et répondez aux questions suivantes.

1. Où vont Fatima et Élisabeth? _____

2. Pour combien de jours? _____

3. Comment vont-elles voyager? _____

4. Où vont-elles rester? _____

Interviews (00:33:28 – 00:35:33)

F. Voyages.   Écoutez les réponses à la question «Avez-vous beaucoup voyagé?» Cochez tous les endroits qui sont mentionnés.

_____ le Maroc   _____ l'Angleterre   _____ San Francisco

_____ la Tunisie   _____ le Canada   _____ l'Italie

_____ Yellowstone   _____ l'Algérie   _____ le Grand Canyon

_____ l'Inde   _____ la Thaïlande   _____ les États-Unis

_____ le Québec   _____ le Mexique   _____ la Suisse

_____ la Bretagne   _____ le Brésil   _____ Las Vegas

G. La bonne réponse. Regardez toutes les interviews et cochez l'expression qui complète le mieux les phrases suivantes.

1. Le pays d'origine de Deva est

    a. ____ l'Inde.   **b.** ____ la Thaïlande.   **c.** ____ le Maroc.

2. Claudine préfère

    a. ____ partir en hiver.   **b.** ____ aller là où il fait beau.   **c.** ____ rester chez elle.

3. Thierry et sa femme sont originaires de Bretagne et

    a. ____ d'Aix-en-Provence.   **b.** ____ de Provence.   **c.** ____ de Normandie.

4. Mme Chesnel préfère prendre ____ plutôt que le car[1].

    a. ____ le train   **b.** ____ la voiture   **c.** ____ l'avion

5. Selon Georges, pour aller à Montboucher, il y a le fleuve[2], deux voies ferrées[3], le TGV et

    a. ____ l'autocar.   **b.** ____ l'autoroute.   **c.** ____ le métro.

H. Les voyages. Écoutez les interviews et cochez les catégories qui conviennent.

Pierre

Deva

Geneviève

Thierry

Miguel   **Mme Chesnel**   **Albert**

_____

1. **car (autocar)** (*m.*) = *large touring-style bus used for long-distance and intercity travel*
2. **fleuve** (*m.*) = grande rivière (la Seine, par exemple) qui débouche (*empties*) dans la mer
3. **voies ferrées** (*f. pl.*) = *railroad lines*

Où sont-ils allés?

	en Amérique du Nord	en Europe	en Asie	en Afrique
1. Pierre				
2. Deva				
3. Geneviève				
4. Thierry				

Comment ont-ils voyagé?

	en train	en voiture	en avion
5. Miguel			
6. Mme Chesnel			
7. Albert			

I. Et vous? Écoutez la question qu'Élisabeth vous pose. Écrivez sa question et votre réponse.

Question: _____

Réponse: _____

■ Récapitulez!

J. Tout le monde aime recevoir une lettre!   Imaginez que vous êtes avec Élisabeth et Fatima à Paris. Écrivez une lettre à un(e) ami(e) ou à un membre de votre famille aux États-Unis décrivant (*describing*) votre voyage d'Aix à Paris et votre séjour à Paris. Vous pouvez continuer votre lettre à la page 336.

- 2 -

Module 8

Nicolas est amoureux

■ Objectifs

In Module 8 you learn about dating and relationships. You also have the opportunity to reflect on what brings happiness. After watching the video and doing the activities, you will be able to discuss relationships and the things you consider important for living a happy life.

■ Préparez-vous!

A. Qu'est-ce qui se passe? (*What's happening?*)   Regardez la photo et répondez aux questions suivantes.

1. Qui a un problème? _____

2. Comment le savez-vous? _____

3. Quel est le problème, à votre avis? _____

_____

B. Le contraire. Reliez les mots de la colonne de gauche avec les contraires de la colonne de droite.

1. _____ heureux
2. _____ le mieux
3. _____ partir
4. _____ ensemble
5. _____ se disputer
6. _____ perdre
7. _____ le copain
8. _____ le malheur

a. s'entendre bien
b. le bonheur
c. malheureux
d. gagner (*win*)
e. l'ennemi
f. arriver
g. le pire (*the worst*)
h. seul

C. À vous! Complétez les phrases suivantes avec cinq mots tirés de l'activité B.

1. _____ le match de foot? C'est _____ !

2. Nous voulons _____ le match de foot, bien sûr!

3. Quand Nicolas _____ avec sa petite amie, il est triste.

4. Il se sent tout _____ .

Regardez!

Introduction (00:35:34 – 00:35:58)

D. Comprenez-vous? Regardez l'introduction et écoutez Élisabeth. Complétez les phrases suivantes avec les mots de la liste donnée.

| pendant | malheureux | raconte |
| disputé | arrivé | consolons |

Bonjour. Nicolas est _____ . Il s'est _____ avec

sa petite amie. Fatima et moi, nous le _____ le mieux possible

_____ qu'il nous _____ ce qui est _____ .

Impressions (00:35:59 – 00:36:28)

E. Combien? Regardez le montage et indiquez combien de personnes font les activités suivantes (1 = une personne; 2 = deux personnes; P = plusieurs personnes).

Combien de personnes...

1. se promènent à la plage? _____

2. assistent à un mariage? _____

3. font une peinture à la plage? _____

4. mangent dans un parc? _____

5. jouent à l'école? _____

Interaction (00:36:29 – 00:39:28)

F. Que voyez-vous? Regardez la séquence vidéo avec Nicolas, Fatima et Élisabeth, et indiquez *toutes* les bonnes réponses pour les questions suivantes.

1. Qu'est-ce que Nicolas a dans la main?

a. _____ Une lettre de sa petite amie.

b. _____ Une lettre de ses parents.

c. _____ Une photo.

2. Que font Fatima et Élisabeth?

a. _____ Elles se disputent avec Nicolas.

b. _____ Elles écoutent Nicolas.

c. _____ Elles consolent Nicolas.

3. Qui donne des conseils à Nicolas?

a. _____ Fatima.

b. _____ Élisabeth.

c. _____ Les deux.

4. Comment va Nicolas à la fin de la séquence?

a. _____ Mal.

b. _____ Moins bien.

c. _____ Mieux.

G. Qui parle?   Regardez la même séquence vidéo encore une fois. Indiquez quelle personne dit chaque phrase suivante.

	Élisabeth	**Fatima**	**Nicolas**
1. On s'entend toujours bien.	_____		
2. ... elle voulait aussi rencontrer d'autres hommes.	_____	_____	_____
3. Je ne comprends pas.	_____	_____	_____
4. Alors, elle s'est fâchée (*got mad*).	_____	_____	_____
5. Disons qu'elle sorte avec d'autres hommes.	_____	_____	_____
6. ... elle pourra (*could*) peut-être apprendre à t'apprécier encore mieux.	_____	_____	_____
7. ... pour faire une sorte de comparaison...	_____	_____	_____
8. ... tu as besoin d'être plus indépendant.	_____	_____	_____

H. Compréhension.   Indiquez *toutes* les bonnes réponses pour les questions suivantes.

1. Comment s'appelle la petite amie de Nicolas?

   a. _____ Marianne.

   b. _____ Muriel.

   c. _____ Mara.

   d. _____ Marie-Claire.

2. Quand se sont-ils disputés?

   a. _____ Ce matin.

   b. _____ Hier après-midi.

   c. _____ Ce soir.

   d. _____ Hier soir.

3. Selon Élisabeth, pourquoi la petite amie de Nicolas veut-elle sortir avec d'autres hommes?

   a. _____ Elle n'aime plus Nicolas.

   b. _____ Elle veut son indépendance.

   c. _____ Nicolas veut sortir avec d'autres femmes.

   d. _____ Comme ça, elle peut trouver son identité.

4. Quelle est la décision de Nicolas?

    a. _____ Il accepte que leur relation soit terminée.

    b. _____ Il décide de sortir avec d'autres femmes.

    c. _____ Il va téléphoner à sa petite amie pour lui expliquer qu'il comprend mieux ce qu'elle désire.

    d. _____ Il n'accepte pas que leur relation soit terminée.

Interviews (00:39:29 – 00:40:59)

I. D'autres idées. Indiquez qui donne les réponses suivantes.

Thierry   **Natalie**   **Geneviève**

Christine   **Pierre**   **Claudine**

Qu'est-ce que c'est pour vous, le bonheur? Qu'est-ce qui est nécessaire pour être heureux?

1. Pour _____ , c'est important d'être soi-même.

2. _____ pense que la façon dont on vit est importante, mais aussi son mari, ses enfants et ses petits-enfants sont importants.

3. _____ aime aider les gens.

4. _____ aime être à la campagne avec la famille ou les copains.

5. Pour _____ il faut avoir un travail qu'on aime et une famille qu'on aime.

6. Pour _____ les choses primordiales (essentielles) sont le travail et la santé.

J. Et vous? Écrivez la question qu'Élisabeth vous pose et donnez votre réponse.

Question: _____

Réponse: _____

▮ Récapitulez!

K. Réponse personnelle. Cochez les cinq choses qui sont pour vous les plus importantes.

_____ trouver un travail que vous aimez

_____ trouver un travail qui vous paie beaucoup

_____ avoir une maison

_____ avoir des enfants

_____ trouver un époux / une épouse (*spouse*) compatible

_____ avoir beaucoup d'amis

_____ être en bonne santé

_____ avoir un(e) meilleur(e) ami(e)

_____ avoir une voiture que vous aimez

_____ s'entendre bien avec vos parents

_____ voyager beaucoup

_____ aider les autres

Ensuite, à page 343, écrivez un paragraphe où vous expliquez vos choix (*choices*).

_____

_____

_____

_____

_____

_____

_____

Module 9

L'anniversaire de Nicolas

■ **Objectifs**

In Module 9 you learn about customs and holidays. After viewing Module 9 and doing the accompanying activities you will have a better understanding of some of the traditions in the Francophone world, and be able to discuss in French holidays that you celebrate.

■ Préparez-vous!

A. Que font-ils? Regardez la photo et répondez aux questions suivantes.

1. Où sont Nicolas et ses copines? _____

2. Qu'est-ce qu'Élisabeth lui offre? _____

3. Pourquoi pensez-vous qu'elle l'offre à Nicolas? _____

_____

B. Préparations. Imaginez que c'est l'anniversaire de votre meilleur(e) ami(e) et que vous avez beaucoup à faire. Indiquez l'ordre logique des activités suivantes avec un numéro (1 à 3).

1. Les invitations.

_____ envoyer _____1_____ acheter _____ écrire

2. Le cadeau:

_____ offrir (*offer*) _____ choisir _____ emballer (*wrap*)

3. La carte:

_____ signer _____ acheter _____ poster

4. Le gâteau:

_____ préparer _____ manger _____ servir

C. Les liaisons. Pour chaque verbe de la colonne de gauche, indiquez la lettre du nom de la colonne de droite qui complète le mieux l'expression.

1. _____ rendre visite à...
2. _____ signer...
3. _____ se réunir (*get together*) à...
4. _____ s'amuser avec...
5. _____ éteindre (*turn off*)...
6. _____ manger...
7. _____ emballer (*wrap*)...

a. un repas
b. la carte d'anniversaire
c. la lumière
d. un cadeau
e. une réunion
f. un(e) voisin(e) (*neighbor*)
g. un jouet (*toy*)

D. L'intrus. Dans chaque groupe de mots, encerclez le mot qui ne va pas avec les autres.

1. merveilleux / excellent / mauvais / fantastique

2. le cadeau / la fête / l'anniversaire / la vidéo

3. les voisins / les amis / les repas / les parents

4. l'oncle / la sainte / la tante / le cousin

5. la naissance / la mort / le bonheur / la vie

6. le jouet / la religion / le Prophète / la sainte

7. parfois / de temps en temps / ce jour-là / quelquefois

■ Regardez!

Introduction (00:41:00 – 00:41:24)

E. Comprenez-vous? Regardez le début de la séquence vidéo et écoutez l'intro-duction d'Élisabeth. Répondez aux questions suivantes d'après (*according to*) son commentaire.

1. C'est l'anniversaire de qui demain? _____

2. Qu'est-ce qu'elle va lui offrir? _____

3. Qui arrive bientôt? _____

4. Qu'est-ce qu'Élisabeth se demande? _____

Impressions (00:41:25 – 00:41:54)

F. Mettez dans l'ordre! Regardez le montage et indiquez l'ordre dans lequel vous voyez les choses suivantes.

_____ la réunion de famille à table

_____ les rencontres à l'aéroport

_____ l'artiste dans la rue

_____ le magasin de poupées (*dolls*)

_____ la préparation d'un gâteau

_____ la fête de la musique

Interaction (00:41:55–00:45:19)

G. Que voyez-vous? Regardez la séquence vidéo avec Élisabeth, Fatima et Nicolas. Complétez les phrases suivantes avec **Élisabeth** ou **Fatima** selon ce que (*according to what*) vous voyez.

1. Elles sont chez _____ .

2. _____ porte un jean.

3. _____ porte une jupe (*skirt*) noire.

4. _____ a acheté une carte d'anniversaire.

5. _____ emballe le cadeau.

6. _____ ouvre la porte.

7. _____ offre le cadeau à Nicolas.

8. _____ donne la carte à Nicolas.

H. À compléter! Regardez la séquence vidéo encore une fois. Employez les mots de la liste suivante pour compléter les phrases de la conversation entre Élisabeth et Fatima.

besoin	saint	Ramadan	jouets
fête	télé	jour	après-midi
actif	réunion	manger	magnifique
quinze	coucher	anniversaire	merveilleux

1. Un jeu vidéo! _____! C'est une de ses activités préférées!

2. Tu as ce dont (*what*) nous avons _____ pour l'emballer?

3. J'ai une carte d'_____ amusante.

4. Elle va même venir ici chercher le cadeau cet _____.

5. De quelle _____ parles-tu?

6. De la fête de leur _____... Ma mère s'appelle Marie-Thérèse...

On avait une _____ pour toutes les deux en même temps, le

_____ août, _____ de la Sainte-Marie.

7. On avait une grande _____ de famille... On faisait un

_____ repas.

8. Chez nous, c'est pour le mois du _____... avec toute la famille et

parfois des voisins aussi.

9. On ne peut pas _____ du lever au _____ du soleil.

10. C'est seulement à la _____ de la naissance du Prophète que

les jeunes enfants reçoivent des _____.

11. Le prof d'architecture a décidé de ne pas faire cours cet _____.

12. Joyeux _____!

13. Avec ça, tu peux éteindre la _____ et faire quelque chose plus

_____ pour t'amuser.

I. **Les fêtes.** Écoutez encore une fois la discussion au sujet des fêtes entre Élisabeth et Fatima et choisissez toutes les réponses qui conviennent pour chaque question.

1. Quelle est la fête individuelle qu'on célèbre pour chaque personne en Belgique?

   a. _____ Le Ramadan.

   b. _____ Noël.

   c. _____ La fête de son saint.

   d. _____ La Toussaint.

2. Comment le saint d'une personne est-il déterminé?

   a. _____ Par le jour du baptême (*baptism*) de la personne.

   b. _____ Par le nom de la personne.

   c. _____ Par le jour de naissance de la personne.

   d. _____ Chaque personne choisit un(e) saint(e) à l'âge de six ans.

3. Pour célébrer la Sainte-Marie, qu'est-ce qu'on fait dans la famille d'Élisabeth?

   a. _____ On offre des cadeaux.

   b. _____ On mange un merveilleux repas.

   c. _____ On invite des collègues.

   d. _____ On téléphone à beaucoup de monde.

4. Les gens qui observent le Ramadan ne mangent pas

   a. _____ du lever au coucher du soleil.

   b. _____ la nuit.

   c. _____ après le coucher du soleil.

   d. _____ le vendredi.

5. Qu'est-ce qu'on fait après le coucher du soleil pendant le Ramadan?

   a. _____ On se couche.

   b. _____ On mange un repas.

   c. _____ On offre des cadeaux.

   d. _____ On va à la mosquée.

J. Vive les différences! Écrivez trois phrases qui contrastent les fêtes familiales chez Fatima et chez Élisabeth.

➡ *Chez Fatima au Maroc, on célèbre la communauté, tandis qu'en Belgique, on fête l'individu*

_____

_____

_____

Interviews (00:45:20 – 00:46:49)

K. Les fêtes importantes. Écoutez les interviews et indiquez quelles fêtes sont mentionnées par les personnes suivantes.

Audé

Michel-Yves

Christelle

	Noël	les mariages	les anniversaires	les communions
1. Audé	_____	_____	_____	_____
2. Michel-Yves	_____	_____	_____	_____
3. Christelle	_____	_____	_____	_____

L. Ce qu'on fait. Regardez les interviews encore une fois et cochez toutes les réponses qui conviennent aux questions suivantes.

Laure   **Audé**

1. Laure dit qu'aux fêtes de mariage ou de fiançailles (*engagement*) on

    a. _____ réunit des personnes des différents côtés (*sides*) de la famille.

    b. _____ danse avec des amis et des cousins.

    c. _____ mange un buffet.

    d. _____ offre des cadeaux chers.

2. Audé dit qu'à Noël sa famille

    a. _____ va à l'église à minuit.

    b. _____ fait la crèche (*manger scene*).

    c. _____ offre des cadeaux.

    d. _____ mange des desserts traditionnels.

M. Et vous? Maintenant, écoutez la question d'Élisabeth. Écrivez sa question et votre réponse.

Question: _____

Réponse: _____

Récapitulez!

N. Meilleurs vœux! (*Best wishes!*) Voici la carte d'anniversaire pour Nicolas. Écrivez un message personnel et signez la carte.

Module 10

On fait des achats

Objectifs

In Module 10 you learn about shopping for clothing in France. After watching the video and doing the activities, you will be able to describe clothing styles and preferences. You also learn about different types of stores and how to translate American sizes into French sizes.

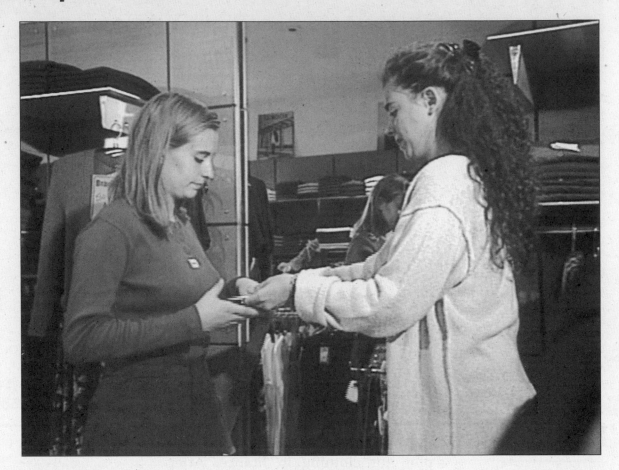

A. À la mode. Regardez la photo d'Élisabeth et la vendeuse dans une boutique de vêtements. Imaginez et écrivez un mini-dialogue de leur conversation. Qu'est-ce qu'Élisabeth demande? Qu'est-ce que la vendeuse suggère?

— _____

— _____

— _____

— _____

— _____

— _____

B. L'intrus. Dans chaque groupe, encerclez le mot qui ne va pas avec les autres.

1. un supermarché / une boutique / un musée / un magasin

2. une vendeuse / une cliente / une boutique / une fleur

3. en solde / cher / économique / ravissant

4. moulant (*tight*) / très habillé (*very dressy*) / fatigué / ravissant

5. désagréable / chouette / chic / élégant

6. des gants / des bottes / des chaussures / des sandales

7. lire / essayer / acheter / porter

8. Ça te va bien. / C'est ravissant. / C'est trop moulant. / C'est un bon look.

9. une cravate / une chemise / une jupe / une ceinture

10. un chemisier / des bas (*stockings*) / une jupe / un costume

Regardez!

Introduction (00:46:50 – 00:47:12)

C. Comprenez-vous? Regardez le début seulement de la séquence vidéo et écoutez l'introduction d'Élisabeth. Complétez les phrases suivantes avec le mot de la liste donnée qui convient.

achats   moi   venues   nouveaux   chers   espérons

Bonjour! Fatima et _____ sommes _____ en ville faire des

_____ . Nous _____ trouver de _____ vêtements

pas trop _____ .

Impressions (00:47:13 – 00:47:45)

D. Que voyez-vous? Regardez le montage et cochez les cinq choses de la liste suivante que vous voyez.

1. _____ des montres

2. _____ des chaussures

3. _____ des CD

4. _____ des vélos

5. _____ du maquillage (*makeup*)

6. _____ des blousons en cuir (*leather*)

7. _____ des robes en soie (*silk*)

8. _____ des aspirateurs (*vacuum cleaners*)

Introduction (00:46:46 – 00:50:27)

E. **Que remarquez-vous?**   Regardez la séquence vidéo et indiquez l'ordre des actions suivantes.

_____ **a.** Élisabeth demande où se trouve la cabine d'essayage (*fitting room*).

_____ **b.** Fatima indique qu'elle va essayer quelque chose.

_____ **c.** Fatima suggère un pantalon.

_____ **d.** Élisabeth demande l'opinion de Fatima.

__1__ **e.** Fatima trouve une jupe qui est en solde.

_____ **f.** La vendeuse suggère une ceinture.

_____ **g.** Élisabeth va à la caisse.

_____ **h.** Élisabeth admire un pull rouge.

F. **Des achats.**   Regardez la séquence vidéo dans la boutique encore une fois. Puis choisissez la meilleure réponse aux questions suivantes.

1. Qu'est-ce qu'Élisabeth cherche?

a. _____ Une nouvelle robe.

b. _____ Quelque chose de joli et pas trop cher.

c. _____ Quelque chose de joli mais pas trop chic.

2. Comment Fatima trouve-t-elle la robe qu'Élisabeth lui montre?

a. _____ Ravissante.

b. _____ Très à la mode.

c. _____ Trop chère.

3. De combien est-ce qu'on a baissé (*lowered*) le prix de la jupe que Fatima trouve?

a. _____ 10%.

b. _____ 5%.

c. _____ 50%.

4. Qu'est-ce qu'Élisabeth cherche comme pantalon?

    a. _____ Un pantalon rouge.

    b. _____ Un pantalon habillé.

    c. _____ Un jean pas cher.

5. Pourquoi est-ce qu'Élisabeth a pris quelques kilos depuis qu'elle est en France?

    a. _____ Parce qu'elle ne fait plus de sport.

    b. _____ Parce qu'elle mange beaucoup.

    c. _____ Parce qu'elle boit beaucoup de vin.

6. Combien coûtent les vêtements qu'Élisabeth achète?

    a. _____ 250 francs.

    b. _____ 225 francs.

    c. _____ 235 francs.

Interviews (00:50:28 – 00:52:26)

G. Qu'est-ce que ça veut dire? (*What does it mean?*) Avant de regarder les interviews, lisez les deux listes de mots et indiquez le mot ou l'expression de la colonne de droite qui veut dire la même chose qu'un mot ou une expression de la colonne de gauche.

1. _____ pareil	**a.**	être à l'aise (*ease*)
2. _____ la bonne présentation	**b.**	la considération des autres
3. _____ commode	**c.**	similaire
4. _____ se sentir bien	**d.**	en vogue
5. _____ bricoler	**e.**	la responsabilité
6. _____ à la mode	**f.**	le bon look
7. _____ le devoir	**g.**	bien approprié
8. _____ la politesse	**h.**	faire des travaux matériels

H. À chacun son goût. (*To each his own.*) Regardez les interviews et indiquez quelle personne de la colonne de gauche dit qu'elle porte les vêtements de la colonne de droite. *Une réponse est employée deux fois.*

Corinne

Dounia

Michel-Yves

Hélène

Thierry

1. ____ ____ Corinne
2. ____ ____ ____ Dounià
3. ____ ____ ____ Thierry
4. ____ ____ Michel-Yves

a. une jupe
b. un jean
c. une veste en jean
d. au travail: une cravate, une chemise, une veste
e. des bretelles (*suspenders*)
f. des vêtements noirs
g. un T-shirt
h. des trucs (*things*) en cuir

I. Révision. Complétez les trois phrases suivantes avec les noms des gens interviewés qui conviennent.

1. _____ aime bricoler.

2. _____ porte des vêtements à la mode.

3. Pour _____ et _____ la présentation personnelle est très importante au travail.

J. Et vous? Écrivez la question d'Élisabeth et votre réponse.

Question: _____

Réponse: _____

■ Récapitulez!

K. Quelle est votre taille? Et votre pointure[1]? Imaginez que vous voulez faire des achats en France. Encerclez votre taille et votre pointure dans les listes suivantes.

✣✣

Les tailles

femmes

robes et manteaux°   coats

tailles européennes	36	38	40	42	44	46
tailles américaines	6	8	10	12	14	16

hommes

chemises

tailles européennes	36	37	38	39	40	41
tailles américaines	14	14 ½	15	15 ½	16	16 ½

complets° et manteaux   suits

tailles européennes	46	48	51	54	56
tailles américaines	36	38	40	42	44

Les pointures

femmes

pointures européennes	36	37	38	39	39 ½	40	40 ½
pointures américaines	4	5	6	7 ½	8	8 ½	9

hommes

pointures européennes	40	42	43	44	45	46
pointures américaines	7	8	9	10	11	12

✣✣

1. **la taille** = *size (in general)*; **la pointure** = *shoe size*

L. La mode d'aujourd'hui. Décrivez dans un paragraphe la mode actuelle des jeunes à votre université. Si vous voulez, vous pouvez aussi faire un dessin de ces vêtements pour vous aider dans votre description.

_____

_____

_____

_____

_____

_____

Module 11

Élisabeth cherche un emploi

■ Objectifs

In Module 11 you learn about different professions and about interviewing for jobs. After watching the video and doing the activities, you will be able to discuss different professions and job responsibilities in French and know vocabulary and procedures for interviewing.

Préparez-vous!

A. Une interview. Élisabeth se présente pour le poste d'assistante médicale; elle parle au médecin. Lisez les questions suivantes et cochez les trois que vous considérez les plus importantes. Ajoutez deux autres questions possibles.

_____ Comment vous appelez-vous?

_____ Vous avez déjà travaillé dans un hôpital?

_____ Pourriez-vous travailler le samedi?

_____ Si nous vous offrons trente-cinq francs l'heure?

_____ Qu'est-ce que vous étudiez à la fac?

_____ Pourquoi voudriez-vous travailler ici?

_____

_____

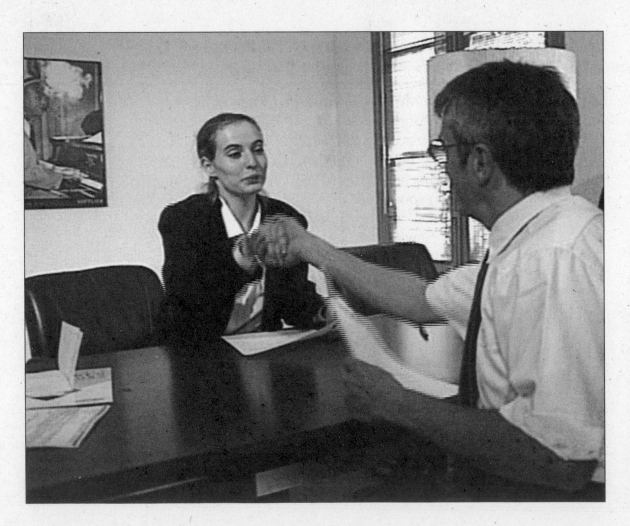

B. Où travailler? Qui travaille où? Indiquez votre réponse.

1. _____ _____ un(e) infirmier(ière)

2. _____ _____ un(e) vendeur(euse)

3. _____ un(e) cuisinier(ière)

4. _____ un professeur

5. _____ _____ _____ un(e) comptable

6. _____ _____ un médecin

7. _____ un(e) serveur(euse)

8. _____ un homme/une femme d'affaires

a. un hôpital
b. une banque
c. un restaurant
d. un bureau
e. une clinique
f. une université
g. une boutique
h. un grand magasin
i. une agence financière

Regardez!

Introduction

C. L'interview. Regardez l'introduction et écoutez Élisabeth. Choisissez la meilleure réponse pour mieux compléter les phrases suivantes.

1. Élisabeth va avoir une interview

    a. _____ dans un hôpital.

    b. _____ chez un médecin.

    c. _____ dans une clinique.

2. Elle va avoir l'interview

    a. _____ dans une heure.

    b. _____ cet après-midi.

    c. _____ dans quelques minutes.

3. _____ va l'interviewer.

    a. _____ Un des médecins

    b. _____ Un infirmier

    c. _____ Le chef de médecine

D. **Les gens au travail.**   Regardez le montage et indiquez les cinq professions de la liste suivante qui y sont représentées.

1. _____ un sculpteur		**5.** _____ un professeur	
2. _____ un agent de police		**6.** _____ un architecte	
3. _____ une ballerine		**7.** _____ un chef	
4. _____ un serveur		**8.** _____ une infirmière	

Interaction (00:53:23 – 00:55:24)

E. **L'interview.**   Regardez la séquence vidéo. Indiquez si les phrases suivantes sont vraies (**V**) ou fausses (**F**). Si elles sont fausses, corrigez-les.

1. _____ Dans la salle d'interview, le médecin est assis (*is seated*) à un bureau.

_____

2. _____ Il y a un ordinateur et un téléphone sur le bureau.

_____

3. _____ Il y a une secrétaire dans la salle qui prend des notes.

_____

4. _____ Les chaises dans la salle sont vertes.

_____

5. _____ Le médecin porte des lunettes.

_____

6. _____ Élisabeth trouve le médecin très amusant et elle rit beaucoup.

_____

7. _____ Il y a une photo sur le mur d'un homme qui joue du piano et fume une cigarette.

_____

8. _____ Vers (*Toward*) la fin de l'interview, Élisabeth regarde sa montre.

_____

F. Que disent-ils? Regardez la séquence vidéo encore une fois. Cochez toutes les terminaisons correctes pour compléter les phrases suivantes.

1. Élisabeth cherche un travail

   a. _____ temporaire.

   b. _____ dans une clinique.

   c. _____ où elle peut aider les gens.

   d. _____ d'été.

2. Le médecin dit que le travail qu'elle fera sera

   a. _____ compliqué.

   b. _____ difficile.

   c. _____ simple.

   d. _____ intéressant.

3. Elle

   a. _____ fera des piqûres.

   b. _____ aidera les gens à remplir les formulaires.

   c. _____ répondra aux questions des clients.

4. Elle sera libre de venir travailler

   a. _____ le matin.

   b. _____ le samedi.

   c. _____ l'après-midi.

5. Pour le salaire, on paie

   a. _____ 75 francs l'heure.

   b. _____ 25 francs l'heure.

   c. _____ 35 francs l'heure.

6. Pour Élisabeth, il est important

   a. _____ d'avoir un bon salaire.

   b. _____ de faire un travail qui l'intéresse.

   c. _____ de travailler au mois de juin.

7. Elle peut commencer

    a. _____ le 1ᵉʳ juillet.

    b. _____ le 1ᵉʳ juin.

    c. _____ un lundi.

Interviews (00:55:25 – 00:57:27)

G. Les métiers. Regardez les réponses à la première question, puis choisissez dans la colonne de droite la profession de chaque personne dans la colonne de gauche.

Jamal

McJaffari

Aimée

Deva

Patrick

Albert

Étienne

1. _____ Jamal

2. _____ Maître Jaffari

3. _____ Aimée

4. _____ Deva

5. _____ Patrick

6. _____ Albert

7. _____ Étienne

    a. agent de voyage
    b. pharmacien(ne)
    c. PDG d'une société de vins
    d. notaire
    e. étudiant/barman
    f. photographe
    g. épicier

H. Ce qui compte. Regardez les réponses à la deuxième question, et cochez les aspects du travail qui sont importants pour Étienne et Aimée.

Étienne   **Aimeé**

	Étienne	Aimée
1. le contact	_____	_____
2. la patience	_____	_____
3. les gens	_____	_____
4. la tolérance	_____	_____
5. aimer faire du social	_____	_____

I. Quelques conseils aux jeunes. Albert Parrain est très philosophe. (Voir sa photo, page 368.) Complétez ses phrases avec les mots de la liste donnée qui conviennent.

> grande   toujours   surtout   pensée
> petits   vie   amour

... Nous souhaitons _____ aux jeunes... ils doivent _____

avoir une _____ positive, considérer les _____ ennuis

(*worries*) comme le piment (*spice*) de la _____ et avoir beaucoup

d'_____ dans ce que vous faites, entourer vos gens d'une

_____ tendresse même dans les rapports que vous avez avec eux.

J. Une philosophie personnelle. Comprenez-vous les idées de Monsieur Parrain? Indiquez ce qu'il a dit en choisissant la meilleure expression pour compléter les phrases suivantes.

1. Il faut considérer les petits ennuis de la vie comme

    a. _____ des horreurs.

    b. _____ des choses dangereuses.

    c. _____ quelque chose qui rend la vie intéressante.

2. Il faut être

    a. _____ optimiste.

    b. _____ pessimiste.

    c. _____ indifférent.

3. Il faut _____ ce qu'on fait.

    a. _____ aimer

    b. _____ tolérer

    c. _____ changer

4. Dans ses rapports avec les gens, on doit

    a. _____ être patient.

    b. _____ être affectueux.

    c. _____ être généreux.

K. À vous! Êtes-vous d'accord avec Monsieur Parrain? Pourquoi ou pourquoi pas?

_____

_____

_____

L. Et vous? Écrivez la question d'Élisabeth et votre réponse.

Question: _____

Réponse: _____

Récapitulez!

M. Votre carrière. Si vous pouviez choisir, quelles carrières préféreriez-vous? Numérotez les professions suivantes de 1 (ce que vous aimeriez faire le mieux) à 9 (ce que vous aimeriez faire le moins).

_____ médecin   _____ notaire/banquier

_____ pharmacien(ne)   _____ enseignant(e)/professeur

_____ infirmier(ière)   _____ serveur(euse)/barman

_____ agent de voyage   _____ musicien(ne)/artiste

_____ homme/femme d'affaires

N. Une décision importante. Répondez aux questions suivantes dans un paragraphe. Quels sont les métiers de votre mère, votre père, vos frères et sœurs? Quelles carrières est-ce que vos amis espèrent avoir? Aimeriez-vous faire un de ces métiers?

_____

_____

_____

_____

_____

_____

_____

Module 12

Fatima est malade

Objectifs

In Module 12 you learn about health care and the medical profession. After watching the video and doing the activities, you will be able to discuss many aspects of the medical field; you will also know how to describe pain and illness and how to discuss different treatments.

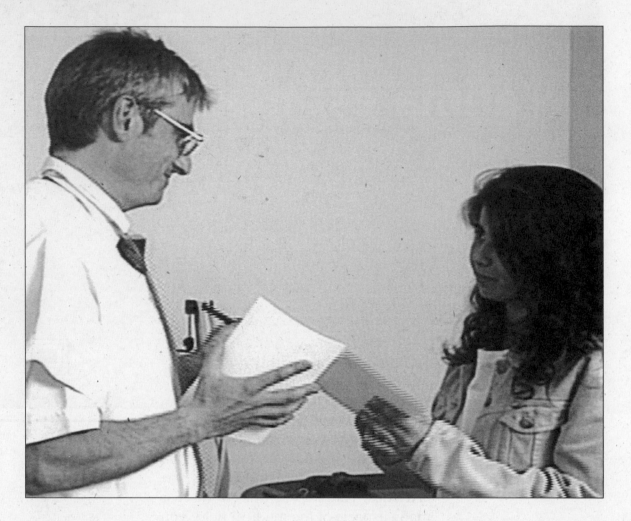

A. Chez le médecin. Regardez la photo de Fatima à la clinique. Imaginez les questions du médecin et les plaintes de Fatima. Écrivez un mini-dialogue basé sur leur conversation.

— _____

— _____

— _____

— _____

— _____

— _____

B. Pour parler de la médecine... Complétez les phrases suivantes avec les mots de la liste qui conviennent.

ordonnance	migraine	grippe	antibiotiques
homéopathie	pharmacienne	santé	

1. Les médecins donnent souvent des _____ pour combattre une inflammation de la gorge.

2. On ne peut pas acheter ces médicaments sans obtenir une _____ d'un médecin...

3. ... qu'on doit donner à la _____ pour obtenir des capsules.

4. La _____ est causée par un virus.

5. Une _____ est un mal de tête sévère.

6. L'_____ est une méthode de traiter les malades à l'aide d'une petite quantité de l'agent qui cause les symptômes.

7. Pour rester en bonne _____, il faut se soigner (*take good care of oneself*).

▉ Regardez!

Introduction (00:57:28 – 00:57:52)

C. Le malade. Regardez l'introduction et écoutez Élisabeth. Puis, répondez aux questions suivantes.

1. Où travaille Élisabeth? _____

2. Depuis combien de temps? _____

3. Depuis combien de temps Fatima est-elle malade? _____

Impressions (00:57:53 – 00:58:26)

D. Que voyez-vous? Regardez le montage et indiquez ce que vous voyez dans la liste suivante.

_____ une ambulance   _____ un technicien

_____ un ordinateur   _____ une infirmière

_____ un médecin   _____ une table d'opération

Interaction (00:58:27 – 01:01:39)

E. À l'ordre!   Regardez la séquence vidéo et indiquez l'ordre des actions suivantes.

_____ Fatima remplit le formulaire.

_____ Le médecin parle avec Élisabeth.

_____ Le médecin parle avec Fatima.

_____ Le médecin écrit une ordonnance.

_____ Le médecin examine l'oreille de Fatima.

__*1*__ Fatima arrive à la clinique.

_____ Élisabeth écrit quelque chose.

F. Pauvre Fatima!   Regardez encore une fois la séquence vidéo. Indiquez si les phrases suivantes sont vraies (**V**) ou fausses (**F**).

1. _____ Fatima a l'air vraiment malade.

_____

2. _____ Elle a un simple rhume.

_____

3. _____ Il y a trop de patients aujourd'hui.

_____

4. _____ Fatima a mal au dos et à la gorge.

_____

5. _____ Fatima tousse beaucoup et elle a le nez bouché.

_____

6. _____ Fatima a déjà souffert de migraines et d'allergies.

_____

7. _____ Fatima est restée au lit ce matin et elle a pris de l'aspirine.

_____

8. _____ Fatima n'a pas de fièvre.

_____

9. _____ Fatima doit prendre deux capsules trois fois par jour.

_____

10. _____ Fatima va se sentir mieux dans un ou deux jours.

_____

Interviews (01:01:40 – 01:03:20)

G. À chacun sa méthode. Regardez les interviews et complétez chaque phrase avec le nom de la personne appropriée.

Natalie

Sylvie

Frédéric

Samuel

Michel-Yves

McJaffari

Stéphanie

Hélène

1. _____ fait du vélo pour rester en forme.

2. _____ et _____ ont accès à une médecine préventive pour les étudiants.

3. _____ a fait de l'acuponcture.

4. _____ et _____ ne vont pas tout de suite chez le médecin.

5. _____ et _____ mangent beaucoup de légumes pour rester en forme.

6. _____ essaie de faire un maximum de sport.

7. _____ va chez le pharmacien s'il sait vraiment ce qu'il a.

8. _____ préfère l'homéopathie.

H. Et vous? Écrivez la question d'Élisabeth et votre réponse.

Question: _____

Réponse: _____

◼ Récapitulez!

I. Un mode de vie intelligent. Prenez ce test pour voir si vous vous soignez bien.

1. Indiquez si vous faites souvent les choses suivantes (6 points), quelquefois
(4 points) ou jamais (2 points).

_____ faire du sport

_____ manger des légumes

_____ dormir régulièrement

_____ manger des fruits

_____ manger des céréales

_____ boire de l'eau

Additionnez les points: _____

2. Indiquez si vous faites les choses suivantes jamais (0 point), quelquefois
(1 point) ou souvent (2 points).

_____ boire de l'alcool

_____ étudier ou sortir toute la nuit

_____ manger beaucoup de viande

_____ manger beaucoup de produits laitiers (*dairy*)

_____ fumer des cigarettes

_____ manger beaucoup de sucreries (*sweets*)

_____ regarder plus de dix heures de télévision par semaine

Additionnez les points: _____

Soustrayez (*Subtract*) vos points de la section 2 de ceux de la section 1. Vous

avez _____ points. Identifiez votre état de santé.

24–36 points: Vous suivez un régime très sain, vous ne devez rien changer.

12–23 points: Vous êtes assez prudent(e), mais il vaut mieux développer des habitudes plus saines. Sinon, vous aurez probablement des problèmes de santé plus tard.

0–11 points: Attention! Vous consommez trop... il faut changer d'habitude ou vous paierez cela plus tard!

Module complémentaire

La récupération et la conservation

Objectifs

In this module you learn about the environment and about conserving nature. After viewing the video and doing the activities, you will be able to talk about ecology and methods for reducing pollution such as recycling and using less energy.

Préparez-vous!

A. Qu'est-ce qui arrive? Regardez la photo et répondez aux questions qui suivent.

1. Qui est sur la photo? _____

2. Où sont-ils? _____

3. Qui est assis sur une chaise? _____

4. Qui est assis par terre? _____

5. Qu'est-ce que les deux étudiantes trient (*are sorting*)? _____

_____

6. Pouvez-vous deviner pourquoi elles les trient? _____

_____

B. Le contraire. Choisissez le mot de la colonne de droite qui veut dire le contraire du mot de la colonne de gauche.

1. _____ gaspiller (*waste*)
2. _____ récupérer
3. _____ indifférent
4. _____ éteindre (*turn off*)
5. _____ entier
6. _____ en bas
7. _____ naturel
8. _____ renseigner
9. _____ la restauration
10. _____ unique
11. _____ accusé

a. préserver
b. pardonné
c. partiel
d. allumer
e. la destruction
f. artificiel
g. ignorer
h. en haut
i. identique
j. intéressé
k. enterrer (*bury*)

C. L'intrus. Pour chaque groupe, encerclez le mot qui ne va pas avec les autres.

1. recyclage / rez-de-chaussée / récupérer / conserver
2. une pagaille (*mess*) / un désordre / propre / sale
3. trier / les sortes / les genres / essayer
4. préserver / changer / conserver / garder
5. gaspiller / jeter / conserver / enterrer
6. l'énergie / le gaz / les atomes / participer
7. la musique / le soleil / le gaz / le pétrole
8. le lac / le fleuve / la montagne / la rivière
9. la forêt / le lac / l'autoroute / la montagne
10. taquiner (*tease*) / accuser / danser / embêter

D. N'oublions pas les origines.   Pensez à deux objets dans votre chambre qui sont faits des matériaux suivants.

1. en bois: _____

2. en métal: _____

3. en plastique: _____

4. en coton: _____

■ Regardez!

Introduction (01:03:21 – 01:03:43)

E. Que dit-elle?   Regardez l'introduction d'Élisabeth. Choisissez la meilleure réponse pour chaque question suivante.

1. Quand commencent les journées de l'environnement?

    a. _____ Aujourd'hui.

    b. _____ Dimanche.

    c. _____ Demain.

2. Qu'est-ce qu'Élisabeth fait avec les journaux?

    a. _____ Elle fait un reportage.

    b. _____ Elle les lit.

    c. _____ Elle les trie.

3. Pourquoi est-ce qu'elle le fait?

    a. _____ Parce que c'est la loi.

    b. _____ Parce qu'elle va faire quelque chose avec du papier-mâché.

    c. _____ Pour expliquer l'importance de la récupération (*recycling*).

Impressions (01:03:44 – 01:04:12)

F. Quelques images de la terre. Regardez le montage et indiquez l'ordre dans lequel vous voyez les choses dans la liste suivante.

_____ le conteneur de recyclage

_____ le réacteur nucléaire

_____ l'autoroute

_____ l'usine (*factory*) d'aluminium

_____ le pêcheur (*fisherman*)

_____ le chemin (*path*) au bord d'un village

Interaction (01:04:13 – 01:07:47)

G. Qui fait quoi? Regardez la séquence vidéo et complétez les phrases suivantes.

des journaux	trie	le geste
un journal	Nicolas	ses notes

1. Élisabeth _____ les journaux.

2. _____ est sur la chaise.

3. Fatima arrive avec _____ .

4. *Le Figaro* est _____ .

5. Nicolas fait _____ d'écrire quelque chose.

6. Fatima part pour chercher _____ .

H. Les détails, s'il vous plaît! Regardez la séquence vidéo encore une fois, et encerclez *toutes* les réponses possibles pour les questions suivantes.

1. Pourquoi Nicolas est-il venu chez Élisabeth?

a. _____ Pour trier des journaux.

b. _____ Pour trouver Fatima.

c. _____ Pour parler avec Élisabeth.

d. _____ Parce qu'Élisabeth est la voisine de Fatima.

2. Selon Élisabeth, où est Fatima?

    a. _____ Au premier étage.

    b. _____ Au garage.

    c. _____ Au rez-de-chaussée.

    d. _____ Au conteneur de recyclage.

3. Qu'est-ce que Fatima est descendue chercher?

    a. _____ Le conteneur de recyclage.

    b. _____ Des journaux pour le triage.

    c. _____ Nicolas.

    d. _____ Les notes.

4. Comment Nicolas décrit-il la chambre d'Élisabeth?

    a. _____ Il dit qu'elle est en désordre.

    b. _____ Il dit qu'elle est agréable comme d'habitude.

    c. _____ Il dit qu'il y fait trop chaud.

    d. _____ Il dit qu'elle est très jolie.

5. Ce sont les journées

    a. _____ de la fête de musique.

    b. _____ les plus longues de l'année.

    c. _____ de l'environnement.

    d. _____ de la paix.

6. Cette année, qui va renseigner (*inform*) les gens sur l'importance de la récupération du papier?

    a. _____ Le groupement écologique de l'université.

    b. _____ Élisabeth.

    c. _____ Fatima.

    d. _____ Le président de la République.

7. Nicolas a besoin des notes de quel cours?

    a. _____ La sociologie.

    b. _____ La psychologie.

    c. _____ L'architecture.

    d. _____ La géologie.

8. Que font les chantiers des jeunes?

    a. _____ Ils travaillent sans salaire.

    b. _____ Ils aident à protéger la nature.

    c. _____ Ils aident aux restaurations.

    d. _____ Ils aident les vieux.

9. Pourquoi est-ce qu'Élisabeth et Fatima s'excusent?

    a. _____ Elles ont taquiné (*teased*) Nicolas.

    b. _____ Elles ont demandé qu'il porte beaucoup de journaux.

    c. _____ Elles ont accusé Nicolas d'indifférence.

    d. _____ Parce que Fatima n'est pas chez elle.

I. Des idiomes. Écoutez encore une fois la conversation entre Nicolas, Fatima et Élisabeth et indiquez qui dit les expressions suivantes. Quand deux personnes emploient la même expression, cochez les deux noms.

	Nicolas	Fatima	Élisabeth
1. Quelle pagaille (*mess*)!	_____	_____	_____
2. Un sacré désordre!	_____	_____	_____
3. Voilà!	_____	_____	_____
4. Ça vaut la peine. (*That is worthwhile.*)	_____	_____	_____
5. C'est merveilleux, ça!	_____	_____	_____
6. Excuse-nous.	_____	_____	_____
7. Il n'y a pas de mal. (*It's OK.*)	_____	_____	_____
8. Un instant.	_____	_____	_____
9. À votre service!	_____	_____	_____

Interviews (01:07:48)

J. Des opinions différentes. Regardez les interviews. Écrivez le nom de la personne ou des personnes décrite(s) dans les phrases suivantes. Regardez la séquence plusieurs fois si c'est nécessaire.

Audé

Sylvie

Natalie

Constance

Henri

Alex

1. Qui parle des feux de forêts dans sa région? _____

2. Qui pense qu'il faut patienter pour trouver des solutions? _____

3. Qui préfère l'air de la campagne? _____ et _____

4. Qui pense qu'il y a trop de voitures? _____ et _____ et
_____

5. Qui voudrait préserver l'environnement au niveau du bruit (*noise*)?

_____

6. Qui s'asphyxie en ville? _____ et _____

7. Qui voudrait éduquer les gens? _____

8. Qui pense que l'énergie solaire ne peut pas remplacer l'énergie atomique?

_____

9. Qui dit qu'il est nécessaire d'aimer les bêtes et la nature? _____

10. Qui interdirait (*would prohibit*) les mobylettes? _____

K. Et vous? Écrivez la question qu'Élisabeth vous pose et votre réponse.

Question: _____

Réponse: _____

Récapitulez!

L. Le recyclage chez vous. Cochez les choses qui sont récupérées dans votre ville.

_____ les journaux

_____ les magazines

_____ le métal

_____ les bouteilles en verre

_____ les bouteilles en plastique

_____ l'aluminium

_____ les cartons (*boxes*)

_____ les matières végétales

_____ les piles (*batteries*)

autre: _____

M. À vous maintenant! Écrivez un paragraphe qui explique votre attitude envers la préservation de l'environnement.

_____

_____

_____

_____

_____